1906년의 릴케.
잠시였지만, 파리 로댕의 집에서 비서 일을 보았다.

바삐 흘러가는
몰다우 강의 물결조차 흐라친 성에 인사를 보낸다.
다리에서는 성자들이 엄숙하게 성을 올려다본다.
——「흐라친 성」 중에서

프라하의 흐라친 성

저기 대문에는 거미줄이
가득 차 있다. 남몰래 태양이
마돈나 석상 밑에서
신비로운 글귀를 읽고 있다.
——「클라인자이테」중에서

세기가 바뀔 무렵, 프라하의 클라인자이테 다리 위의 탑

나는 로마로 가야 해, 한 해 후에
명성을 얻어
돌아올 거야, 우리의 이 작은 마을에
──「젊은 조각가」중에서

두번째 시집 「가신에게 바치는 제물」(1895)의 표지

그대는 삶을 위엄으로 견뎌낼 수 있다오
마음이 좁은 자들만이 삶을 보잘것없게 살 뿐.
———「왕의 노래」중에서

릴케가 첫번째 출판업자 G. L. 카텐티트에게 보낸 편지의 마지막 페이지
(1896년 1월 19일자)

그리고 고뇌를 통해
멀리 생으로부터 성숙해 나간다,
멀리 시간으로부터도!
——「여러 벗들에게 바침」중에서

1896년의 릴케.
프라하의 젊은 예술가 모임에서 그의 친구 에밀 올릭이 그려준 캐리커처.

> 동경이란 파도 속에 살고
> 시간 속에서 고향이 없는 것.
> 소망이란 나날의 시간이
> 영원과 나누는 소리 없는 대화.
> ——「서시」중에서

『나의 축제를 위하여』(1898) 표지.
릴케는 첫시집 『삶과 노래』를 출간한 후 매년 크리스마스 때마다
시집을 한 권씩 출간했다.

장미꽃이여, 오 순수한 모순이여, 이리도 많은
눈꺼풀 아래 그 누구의 잠도 아닌 기꺼움이여.
—— 〈묘비명〉 중에서

릴케의 묘비

나의 축제를 위하여

Larenopfer(1896)
Traumgekrönt(1897)
Advent(1898)
Mir zur Feier(1899)

Rainer Maria
Rilke

릴케 문학선

나의 축제를 위하여

라이너 마리아 릴케 / 문현미 옮김

민음사

옮긴이 서문

고독과 방랑의 시인 릴케가 작고한 지 거의 한 세기가 되어간다. 그가 일생 동안 썼던 시와 산문은 한동안 참여 문학의 소용돌이 속에서 그 비정치성 때문에 소홀하게 취급되었다가 오늘날 독일에서 다시 많은 독자들에게 좋은 반향을 불러일으키고 있다. 사실 릴케는 오히려 외국에서 더 인기 있는 시인으로서 전세계의 많은 독자들로부터 꾸준히 사랑받고 있다. 그가 이토록 오랜 기간에 걸쳐 정서가 다른 여러 민족들 사이에서, 그중에서도 한국인들 사이에서 많은 애독자를 지닌 시인으로서 남게 된 것은 그의 문학 세계가 세계 문학적 차원에서 정서적으로 보편적 공감대를 형성하고 있기 때문이다.

특히 오늘날과 같이 급변하는 시대 조류 속에서 시인 릴케가 우리에게 잊혀지지 않고 있는 것은 그가 평생 인간 존재의 참된 의미를 찾으려고 부단히 노력한 점에 또한 그 원인이 있다고 하겠다.

19세기 말 실존주의 철학자 니체는 많은 작가들에게 영향을 끼쳤는데, 릴케도 헤세와 함께 그로부터 영향을 받은 시인들 중의 한 사람이다. 초기에서 중기 릴케에게서 나타나는 허무주의적인 인생관이 바로 니체로부터 받은 영향의 흔적이다.

  릴케의 초기 작품들은 대부분이 목표에 도달하는 것이 아니라, 아예 목표라는 것이 없었다고 해도 과언이 아니다. 그는 언제나 도상에 있었으며 그의 삶은 고독한 방랑 그 자체였다. 릴케의 중기 작품 『말테의 수기』에는 현대 문명의 초창기, 걷잡을 수 없는 소용돌이 속에서 허우적거리며 문학적인 자아를 찾으려는 한 문학 소년의 몸부림이 잘 그려져 있다. 무엇보다도 이 작품은 사물과 죽음, 사랑에 대한 예리한 관찰을 통해 삶의 본질에 대한 인식 문제와 인간 존재의 문제에 심오하게 근접하고 있다.

  릴케는 길지도 않았던 생애 동안 새로운 고향을 찾아 끝없이 방황하였으며 허무를 노래하면서도 이를 극복하려고 노력하였다. 그는 우리 존재의 불확실성을 철저히 인식한 나머지 궁극적으로는 존재에의 정당성을 제시하는 사생관을 정립하게 되었다. 즉 죽음이란 생과 대립되는 부정적인 것이 아니라, 존재의 또 다른 면이며, 생과 사는 서로 다른 빛깔을 지니고 있을 뿐이라는 것이다. 우리의 존재는 생의 다른 면인 이 죽음을 통해서 완전한 구(球)가 될 수 있다는 것이다.

  이와 같이 삶과 죽음의 문제를 심도 있게 천착한 릴케는 체코의 프라하 태생으로서 성장기를 프라하에서 보냈고, 성인이 되어서는 주로 독일과 프랑스를 왕래하며 작품 활동을 하였다. 이탈리아, 오스트리아, 스위스, 러시아 등 여러 나라를 자주 여행했으며, 말년에는 스위스에서 죽음을 맞이하게 되었다.

릴케의 작품은 자신의 삶의 궤적만큼이나 다양성과 풍부성으로 점철되어 있다. 그중에서도 특히 서정시에서 그의 탁월한 시적 능력이 현저하게 드러난다. 릴케 자신은 음악과 직접적인 관련이 없었지만 20세기의 어떤 시인도 릴케만큼 독일어에 음악성과 유연성을 불어넣어준 사람은 없었다고 해도 지나침이 없다. 어조와 모티브, 멜로디의 풍부함뿐만 아니라, 형식 면에 있어서도 거의 완벽에 도달한 그의 작품의 미학적 매력은 그의 시에 광채를 발하게 해준다.

그러나 이런 릴케적 특수성들이 번역을 통해서 완전한 등가성에 도달될 수 없다는 한계에 부딪히게 된다. 번역을 하면서 가장 안타까운 점이 있었다면 바로 이런 문제였다. 하지만 원본에 충실한 번역을 통해, 적어도 내용 면에서는 릴케 고유의 섬세한 표현들이나 사상과 세계관이 제대로 전달될 수 있도록 최대한 노력을 기울였다.

하지만 이런 노력에도 불구하고 번역된 작품들을 통해 작가의 진면목을 완벽하게 파악하기는 결코 쉬운 일이 아닐 것이다. 더구나 난해한 은유와 비유를 자주 쓰는 외국 작가들의 경우에는 더욱더 그러하다.

특히 릴케 작품을 번역하는 데 있어 그의 독특한 문체와

다양한 표현은 물론이고, 논리적 구조인 독일어와 정감적 구조를 지닌 한국어 사이의 상이함, 사고 방식과 생활 양식의 차이가 현격한 문화적, 역사적 배경을 지닌 두 언어 사이의 괴리로 인해 번역의 어려움이 적지 않았다.

  이 땅에 릴케가 수용된 이래 그간 적지 않은 릴케 작품집이 출간되었으며, 그중에는 좋은 역서들도 있었다. 그러나 산문과 시가 함께 선집(選集) 형태로 출간된 작품집은 별로 없었다. 이번에 독일 Inter Nationes의 후원으로 민음사에서 이 선집을 발간하게 되어 그동안 릴케를 사랑해 온 많은 독자들에게 릴케의 면모를 개괄적으로 파악할 수 있는 기회를 제공하게 되었다.

  사실 릴케는 우리 한국 문단에서 독자 호응도가 상당히 높은 외국 시인들 중의 한 사람에 속한다. 윤동주를 비롯한 한국 시인들이 그로부터 영향을 받았으며 현재도 그런 시인들이 시작 활동을 하고 있다. 이런 문단 분위기 속에서 출간되는 릴케 선집이 우리 문학계에 좀더 친밀하게 읽혀질 수 있는 계기가 되기를 바란다.

  이 선집이 출간되기까지는 본의 아니게 우여곡절이 있었다. 5년 전에 이미 번역 작업에 착수해서 거의 완역본이 마련되었으나, 컴퓨터 시스템의 문제로 첫번째 번역본을 잃게 되는 불상사가 발생하는 등 애로가 적지 않았다. 하지만 독일 Inter Nationes 측과 민음사 측의 인내와 배려로 릴케 선집이 마침내 빛을 보게 되었다.

비록 예정과는 달리 시기적으로 상당히 지연되어 출간하게 되었지만 그사이 다시 검토할 수 있는 시간을 가질 수 있게 되었고, 역자의 안목이 더 증진, 심화된 점을 감안한다면 오히려 뒤늦은 발간이 도움이 된 점도 있지 않았나 싶다. 그간 기울인 노력이 가시적으로 드러날지는 미지수인 것 같다. 번역을 끝마쳤다는 기쁨보다는 오히려 두려움과 부끄러움이 앞선다.

릴케 번역 작업에 있어서는 다음과 같은 원칙을 적용하였다.

첫째, 다소 어색한 점이 있더라도 되도록 원문에 충실하도록 했다.

둘째, 직역을 해서 의미상 전달이 도저히 불가능한 부분만 의역을 했다.

셋째, 각주는 내용 파악을 위해 꼭 필요한 경우에만 넣기로 했다.

번역의 대본으로는 1966년 인젤 출판사에서 출간된 『릴케 전집』을 사용하여 4권으로 선집하였다. 총 4권의 선집 중 1권과 3권은 필자가 번역하였고, 2권과 4권은 한별 구기성 선생님께서 번역하셨다.

한별 선생님께서는 30년간 독일에 계시면서 여러 독일 작가들의 작품을 한국에 소개하셨고, 한국 문학 작품을 독일어로 버역하시는 등 한독, 독한 문학의 발전에 많은 기여를 하심으로써, 독일에서 명망이 높은 분이시다. 또한 릴케 전문가이시기도 한, 한별 선생님과 함께 『릴케 선집』을 출간하게 되어 필자로서는 더 없는 영광으로 생각한다.

　지금까지 묵묵히 기다려주신 민음사 박맹호 사장님께 진심으로 감사를 드리고, 수고를 아끼지 않은 편집부에도 고마움을 표한다.

　　　　　　　　　　　2001년 5월 천안 태조산 기슭에서

차례

옮긴이 서문 5

1 제일시집

❶ 가신에게 바치는 제물

옛집에서 19
클라인자이테에서 20
귀족의 집 21
흐라친 성에서 22
성 파이트 대성당 옆에서 23
대성당에서 24
성 벤첼 예배당에서 25
망루에서 26
건축 (1) 27
방에서 (2) 28
요술 (3) 29
다른 이야기 (4) 30
또 하나의 이야기 (5) 31
그리고 마지막 이야기(6) 32
튀어나온 창문이 달린 방에서 (7) 33
11월의 하루 34
길가의 예배당에서 35
수녀원 36
저녁 37
젊은 조각가 38

봄 *39*

천사 *40*

위령의 날 *41*

밤에 *43*

저녁 *44*

겨울 아침 *45*

샘 *46*

꿈들 *47*

오월의 날 *48*

불쌍한 아이 *49*

봄이 오면 *50*

내가 대학에 입학했을 때 *51*

그럼에도 *52*

가을의 정감 *53*

꿈꾸는 사람 *54*

우리의 저녁 산책 *56*

민요 *57*

민중의 노래 *58*

시골의 일요일 *60*

나의 생가 *61*

여름 저녁 *63*

처형 *64*

구름의 동화 *66*

자유의 울림 *67*

밤의 모습 *69*

밤　70
태양의 마지막 인사　73
루돌프 황제　74
우어줄라 수녀원에서　76
유년 시절　77
갈등　79
승리　80
가을에　81
교외에서　82
성 하인리히 성당 옆에서　83
중부 보헤미아의 풍경　84
고향 노래　85

❷ 꿈의 관을 쓰고
왕의 노래　89
꿈꾸기　90
사랑하기　100

❸ 성령강림절
서시　129
여러 벗에게 바침　130
여행　147
베니스 I-IV
카사비앙카
보덴湖
콘스탄츠시

발견 *154*
어머니들 *175*

2 초기시집

서시 *185*
천사의 노래 *194*
기도 *199*
소녀들의 모습 *206*
소녀들의 노래 *210*
마리아에게 드리는 소녀들의 기도 *217*

해설 *239*
작가 연보 *251*

Rainer Maria
Rilke

제일시집

Rainer Maria
Rilke

가신에게 바치는 제물

옛집에서

옛집에서, 내 앞은 환히 트여
넓고 둥근 원 안에 든 프라하 전체를 본다.
저 아래 깊숙한 곳에선 황혼의 시간이
소리 없이 나직한 발걸음으로 지나간다.

도시는 마치 유리를 통해 보듯 아련하다.
다만 성 니콜라스 교회의 녹청(綠靑)으로 채색된
둥근 탑 지붕만이 투구 쓴 거인처럼
내 앞에 우뚝 솟아 있을 뿐.

벌써 도시의 무더운 소용돌이 속에선
멀리 불빛이 여기저기 깜박이는데—
내게는 지금, 옛집 안에서
누군가 「아멘」 하는 소리가 들리는 것 같다. .

클라인자이테에서

높은 합각 지붕의 옛 집들,
장식으로 가득 찬 높은 탑들—
비좁은 마당에 비쳐드는
한쪽의 자그만 하늘.

계단마다
피곤하게 미소 짓는— 사랑의 동자 상들,
지붕 위 높은 곳 바로크식
화병 가에는 장미 덩굴이 흘러내리고.

저기 대문에는 거미줄이
가득 차 있다. 남몰래 태양이
마돈나 석상 밑에서
신비로운 글귀를 읽고 있다.

* 프라하의 가장 오래된 구역의 하나.

귀족의 집

넓고 넓은 램프가 있는 귀족의 집,
그 회색빛 장식이 매우 아름답구나.
울퉁불퉁한 돌로 포장된 길,
저쪽 편엔 칙칙하고 때묻은 전등.

창틀에서는 비둘기가 커튼을 통해 들여다보듯,
고개를 끄떡이고,
대문 틈새에 제비들이 둥지를 틀어놓았다.
이것을 나는 정경, 아니 — 마술이라 한다.

흐라친 성

옛 궁전의 닳은 이마를
즐겨 쳐다보라.
어린아이의 눈길이 벌써 그리로
기어올라간다.

바삐 흘러가는
몰다우 강의 물결조차 흐라틴 성에 인사를 보낸다.
다리에서는 성자들이 엄숙하게
성을 올려다본다.

새로 지은 성탑들은 모두
파이트 대성당 탑 꼭대기를 바라본다, 마치
무리지은 아이들이 고귀하신
아버지를 올려다보듯.

░░░░░
 * 옛 프라하의 성.
 ** 프라하에 있는 고딕식 대성당.

성 파이트 대성당 옆에서

옛 성당 앞에 나는 즐거이 서 있다.
거기엔 곰팡내 나는 바람이 불지만,
창문마다 기둥마다
여전히 자신들만 통하는 언어로 말하고 있다.

거기엔 수많은 장식으로 꾸며진 집이 한 채 웅크리고
로코코풍의 요염한 미소를 지으며,
그 옆에는 고딕 양식이
기도하며 깡마른 두 손을 내밀고 있다.

지금 나는 수정처럼 맑아진다
이것은 옛날부터 내려오는 비유이다.
여기에는 아베 성직자가 있고 그 옆에는
태양의 왕의 부인이 있다.

---

* 어떤 교단이나 수도원회에도 가입하지 않은 카톨릭의 성직자.
** 프랑스의 왕 루드비히 14세의 별명.

대성당에서

마치 돌들과 광석들로 둘러싸인 듯
멀리 아치 모양의 벽들이 반짝이고,
희미한 촛불 뒤에서
갈색빛 어두운 성녀의 얼굴이 어렴풋이 비친다.

둥글게 지어진 천장에는
천사의 머리인 듯
밝고 하얀 은방울이 떠 있고,
그 속에 영원한 불빛이 도사리고 있다.

금빛 장식물이 드리워져 있는
먼지투성이의 모퉁이에,
거지 아이 하나가
더러운 누더기를 걸치고 조용히 서 있다.

온통 찬란한 광채에서 아이의 가슴에
한 줌 축복의 빛도 조금도 흘러들지 않았다……
아이는 힘없이 떨면서 나지막하게 「제발, 한푼만」하며
내게 손을 내민다.

성 벤첼 예배당*에서

예배당 안의 모든 벽들은
온통 화려한 보석으로 가득 차 있다,
누가 그 이름을 부를 수 있을까 산수정,
연황옥, 자수정.

요술인 듯 기적인 듯
내부는 춤추는 빛으로 번쩍거리고,
금으로 꾸며진 성체를 모신 방에는
성자 벤첼의 유해가 누워 있다.

텅 빈 둥근 지붕은 그 절정까지
온통 불빛으로 가득 차 있다
그리고 구석에서는 황금이 내는 광채가
홍옥수** 속에 사치스레 비쳐들고 있다.

---

* 보헤미아의 통치권자를 위해 지은 예배당. 성자들의 유품함이 있다.
** 갈색이나 붉은 갈색, 짙은 굴색을 띠는 반투명한 광석.

망루에서

저기 탑을 본다. 도토리처럼 둥글게도
기다란 배처럼 뾰족하게도 보인다.
저기에 도시가 있고, 그 수많은 이마에
벌써 저녁이 나직하고 달콤한 소리로 몸을 휘감는다.

도시는 검은 몸집을 멀리 펼친다. 저 멀리 뒤에
마리아 성당의 번쩍이는 이중 탑들을 보아라.
도시가 두 개의 더듬이로 하늘의
보랏빛 물감을 빨아들이고 있는 것이 아닐까?

* 프라하의 테인 성당을 말한다.

건축 (1)

현대의 건축 양식은
마음에 잘 들지 않는다.
여기 이 오래된 집에는
널찍한 돌로 된 테라스와
작고 은밀한 발콘을 달아 넣을 수 있다.

넓고 둥근 천장들은
리라를 연주하기에 알맞고,
사방에 움푹 들어간 벽감에서
정다운 황혼이
그대에게 팔을 내민다.

순수한 육각형의 벽돌로 지어진
넓고 단단한 모든 벽들—
작고 조용한 창으로 된
셋방들을 바라보면,
나는 전율을 느낄 수 있을 것 같다.

방에서 (2)

굴뚝에서 세찬 바람이 남몰래 윙윙거릴 때
그것은 익히 아는 정경이다.
방안에서는 바로크 양식의 장 위에서
정말 아늑하게
둥근 기둥 장식이 달린 시계가 계속 재깍거린다.

저기, 작은 실루엣이
양가죽으로 된 의상을 보여주고,
창문 깊숙한 곳에는 실 감는 틀이 세워져 있다.
이제는 아무도 연주하지 않는 스피네트에서
잊혀진 선율이 이따금 들려오곤 한다.

탁자 위엔 여전히 기도서가 놓여 있는데,
그 책에 담긴 정신으로
젊은이와 늙은이가 생기를 되찾으라는 것이다.
저쪽 오목하게 들어간 벽감 위에는
「아버지의 뜻이 이루어지소서……」라는 말씀이 씌어 있다.

그럼에도

때때로 벽의 책꽂이에서
나의 쇼펜하우어를 끄집어낸다.
그는 우리의 존재를
「슬픔에 가득 찬 감옥」이라고 불렀다.

그가 옳긴 하지만 내가 잃은 것은
아무것도 없다. 감옥의 고독 속에서
내 영혼의 현을 일깨운다, 행복하게.
옛날 달리보*가 그러했던 것처럼.

* 중세의 체코 기사, 가난한 농부들의 편을 들어 소요를 일으켰다는 죄목으로 1498년에 체포되어 온갖 고문 끝에 단두되었다. 그가 갇힌 감옥(탑)을 돌리보르카라 부른다.

내가 대학에 입학했을 때

나는 회고한다. 여러 해가
얼마나 힘들게 흘러 지나갔는가를.
이제야 나는 내가 되려고 한 것,
내가 되려고 노력한 것, 학자가 되었다.

처음 내 계획은 법학을 공부하는 것이었다.
그러나 먼지투성이의 그 딱딱한 법전들이
내 가벼운 기분을 잡치게 했고,
그러니 그 계획은 망상이 되어버렸다.

신학이 내 사랑을 금지시켰고,
나는 의학에도 몰두할 수 없게 되었다,
그래서 내 유약한 신경에는
철학 공부만이 남게 되었을 뿐.

대학은 나에게 순수 예술의
화려한 강의 목록을 제공하지만—
나는 석사 학위조차도 받지 못한다.
내가 되려고 애쓴 것, 즉 학자가 되었다.

봄이 오면

보드라운 새순들이 황금을 띠운다. 광채 속에서
살며시 싹을 틔운다. 정원에서는
벌써 첫 마차들이 출발 준비를 한다.

철새들이 다시 옛 장소에
모여들고, 정원에서는
악단도 곧 연주를 시작하리라.

그 옛날의 멋진 동화처럼,
봄바람이 새롭게 살랑이고, 정원에서는
처음 나타난 한 쌍의 연인이 꿈을 꾸고 있다.

불쌍한 아이

나는 볼이 움푹 들어간
소녀를 알고 있다. 그 애의 어머니는
한 장의 가벼운 수건과 같았고,
그 아버지는 요람에서부터 그 애를 저주했다.

여러 해 동안 그 애에게는 가난이 따랐고,
굶주림은 그 애를 떠나지 않았다.
그 애는 표정이 굳어졌다. 황금의 봄조차 헛되이
그 머리카락 속에 비쳐들었다.

울타리 가에서 미소 짓는 꽃들의 모습을
그 애는 슬픈 표정으로 바라보며
생각한다. 위령의 날엔
꽃도 있지만 촛불도 있구나라고.

오월의 날

조용히! 나는 듣고 있다
바람이 가벼운 발걸음으로 대지를 지나가는 소리를,
해가 라일락 꽃망울에
눈부신 햇빛의 옷고름을 맺어주는구나.

주위는 고요하다. 다만 부풀어 오른
개구리 한 마리가 모기 사냥을 할 뿐,
살아 있는 에메랄드 같은
풍뎅이 한 마리는 공중에서 헤엄치고 있다.

나뭇가지에는 어미 거미가
은빛의 십이면체를 한치 한치 짜고 있는데,
이 세계는 온통 만발한 꽃들의 제물로 인해
할 일이 너무도 많다.

꿈들

밤이 다가온다.
푸른 옷자락을 아낌없이 금은 장신구로 장식하고—
밤은 다정하게 마돈나의 두 손으로
내게 꿈을 가져다준다.

이윽고 밤은 자기의 의무를 다하러
나직한 발걸음으로 도시를 떠나간다.
그리고 밤은 꿈의 대가로
저 너머 병든 아이의 영혼을 데려간다.

샘

옛날의 아름다웠던 샘의 시는
모두 사라져 없어졌다.
소라 고동의 조가비 틈에서
맑은 샘이 노래하며 흐르던 그 옛날,
골목길에 시어를 빌려주었다.

저녁엔 손풍금 켜는 옆으로 연인들이
짝지어 모여들었다.
샘이 사랑스럽게 빛났고,
깊은 곳에서 울려나온 샘물 소리는
좋은 징조였기에.

그런데 사람들이 애를 써서
물이 층계 위로 올라갈 수 있게 되자
이제 한 쌍의 연인도 찾아오지 않게 되었고
신은 여자를 싫어하게 되었으며
조가비엔 이끼가 끼게 되었다— 그리고 샘은 침묵했다.

겨울 아침

폭포는 얼어붙어 있고
까마귀들은 연못가에 바싹 웅크리고 앉아 있다.
내 사랑하는 아름다운 소녀는 귀가 빨개진 채,
짓궂은 장난을 궁리하고 있다.

해는 우리에게 입맞춤을 한다. 꿈에 취한 듯
단조의 음향이 나뭇가지 사이를 스쳐가고 있다.
우리는 걸어나간다. 몸의 세포 구멍마다
아침의 강한 향기에 가득 차서.

저녁

저녁이 다가온다. 금빛 둥근 테가
앞머리의 맑은 곳을 장식해 주고,
그림자의 손들은 몰래
빨간 왕관을 잡으러 손을 뻗는다.

맨 먼저 떠오르는 파리한 별들은
저녁을 향해 윙크를 한다. 저녁은 흐라틴 성 위에 높이 걸려
엄숙한 몽상가의 표정으로 바라보고 있다
탑들과 회색빛 합각머리들을.

밤에

넓은 프라하 상공에 밤의
거대한 술잔이 벌써 솟아올랐다.
태양 무늬 나방이 꽃의 차가운 품속에
제 빛을 숨겼다.

저 하늘 높이 달이 비웃고 있다, 이
교활한 땅의 정령이, 비웃으며 하얀 은대패밥 실타래를
몰다우 강물 위에
흩뿌린다.

그러다 갑자기 모욕감을 느낀 듯
달은 광채를 다시 불러들인다
왜냐하면 연적을 보았기 때문이다.
시계탑의 밝은 시계판을.

죽은 아내의 무덤 위에 놓는다.

「네 엄마는 여기 누워 계신다! 성호를 그어라!」
어린 빌리는 눈을 들어 아버지
말씀대로 한다. 아, 빌리는 후회한다,
오는 길에 큰 소리로 웃었던 것을!

그의 눈이 찔린 듯 아파온다— 울음 같은 것이……
그리고는 밤중에 그들은 집으로 돌아간다,
아주 엄숙하고 말도 없이. 그런데 묘지에서 나오자
화려한 술집의 광경이 소년을 유혹한다.

11월의 안개 사이로
불빛에 빛나는 것들이 이쪽으로 깜박거린다.
소년은 거기에 있는 목마와 투갑과 군도를 보고는
살며시 아버지의 손에 입을 맞추었다.

아버지는 그 뜻을 알았다. 그들은 걸어나갔다……
아버지는 슬픈 표정을 지었다.
하지만 빌리는 행복하게 기마병 모양의 과자를
집으로 가지고 갔다.

위령의 날

I

위령의 날엔 곳곳에
온통 애수가 깃들이고 꽃향기로 가득 차네.
수도 없는 오색 불빛이 평화로운 묘지에서
공중으로 피어오르네.

오늘 사람들은 종려나무와 장미를 보내네.
정원사는 재치 있게 그것을 정리한 후—
오래되어 빛 바랜 꽃들을
무신도들이 묻힌 구석으로 쓸어버리네.

II

「빌리야, 이제 기도를 해라, 말을 하지 마라!」
소년은 눈을 크게 뜨고 그 말을 따른다.
아버지는 레제다 화환을

천사

나는 말바징카 묘지 어린이 무덤 앞을 지나가네.
그곳엔 어린 안카나 닌카가
그들의 마지막 잠자리에서
포근히 자고 있네.

키가 큰 양귀비꽃에 몸을 온전히 숨긴 채,
먼지투성이 부러진 날개를 가진
진흙으로 된 천사 하나가
무릎을 꿇고 있네.

날개를 잃은 아이 천사가
내 마음에 동정심을 자아냈다네. 불쌍한 것……
봐, 저기를! 작은 나비 한 마리가
그 입술에서 가볍게 날아오르는 것을—

* 프라하의 묘지명.

봄

새들이 환호하듯 지저귄다. —— 햇볕에 잠을 깨어 ——
이 소리가 푸르고도 넓은 공간을 가득 채운다.
카이저 공원의 옛 무도회장은
온통 꽃들로 덮여 있다.

태양은 희망에 가득 차
어린 풀잎에다 큰 글자들을 써넣는다.
다만 저곳 시든 나뭇잎 아래에서
아폴로 석상이 아직도 구슬피 한숨 짓고 있을 뿐.

그때 한줄기 바람이 다가와서는
노란 덩굴을 춤추며 스쳐 지나가고
그 반짝이는 이마 위에
푸른 라일락 화관을 씌워준다.

젊은 조각가

나는 로마로 가야 해, 한 해 후에 명성을 얻어
돌아올 거야, 우리의 이 작은 마을에.
울지 마. 봐라, 사랑하는 소녀야,
나는 로마에서 걸작품을 만들 거야.

그는 이렇게 말하고 황홀경에 취해
갈구하던 저 세계 속으로 떠나갔다.
그런데도 종종 자기의 영혼이 내면의 비난을
듣고 있는 듯했다.

심한 초조감으로 그는 발걸음을 다시 고향으로 돌렸다.
그는 눈물 어린 눈으로 조각을 빚었다.
관속에 든 가련하고 창백한 애인의 모습을,
그것이 — 그것이 그의 제일가는 걸작품이 되었다.

저녁

막다른 집 뒤쪽에 외로이
붉은 해는 잠자리에 들고,
엄숙한 종결 옥타브 속으로
하루의 환호가 잦아져 간다.

밤이 멀리 저 푸른 하늘에
다이아몬드를 뿌릴 때,
흩어진 불빛들은 아직도
지붕의 처마 끝에서 술래잡기를 한다.

수녀원

피어나는 황혼의 안개 속에서
도시는 이미 흔적도 없이 사라져버렸는데,
칼멜 교단의 수녀원이
우뚝 서 있다.

저녁은 불기둥과 더불어
산을 뛰어내려와서는
창살마다 천 가지 영롱한 빛을
휘감는다.

저녁은 쓸데없이 현란한 빛으로
음침한 집을 장식해 주는데,
묘석 위에 금방 갖다 놓은 화환들도
그렇게 보일 뿐이다.

길가의 예배당에서

성 로레토 성당 근처 길가 예배당에 있는
그림 앞에 촛불이 하나 타고 있다.
벽에 걸린 그림 액자 둘레에는 색깔 있는 꽃받침을 지닌
양철 꽃들로 빽빽하게 장식되어 있다.

성자들은 얼굴을 찌푸리고 있다.
성급한 소년 같은 폭풍이
그들에게 경의를 표하지 않기 때문이다. 성 로레트 성당 근처에서는 촛불이
경건하게 어스름 내리는 안식일을 바라보고 있다.

* 프라하의 성당명.

11월의 하루

차가운 가을이 하루에게 재갈을 물려,
하루의 수많은 환호소리도 침묵한다.
저 높이 대사원의 탑에서는 11월의 안개 사이로
죽음을 알리는 종소리조차 야릇하게 울려퍼진다.

습기 찬 지붕 위에는 안개 속으로 비쳐드는
하얀 햇볕이 졸고 있다. 그리고 폭풍은
차가운 손으로 굴뚝 벽 속에
만가의 종결 옥타브를 불어넣는다.

튀어나온 창문이 달린 방에서 (7)

일상생활을 보지 않으려고,
──나는 한 마리 타조처럼──
옛날 옛적의 그 집으로 달아난다.
그리고는 넓은 납유리로 된 창문으로
오랫동안 밖을 내다보지 않는다.

아버지들이 뿌린 씨는 검소였고,
그들이 얻은 결실은 행복이었다.
그러기에 나는 몇 시간이고 거기
안락의자에 앉아서 꿈을 꾼다.
선조들의 가재도구들에 에워싸인 채.

그리고 마지막 이야기 (6)

오늘은 방이 조용하다—
여인의 얼굴이 석회석처럼 희다.
그녀의 젖은 눈은 피로하고 아무 의욕도 없고,
반은 의식을 잃은 채 아버지의 관대(棺臺)에 몸을 기대고 있다.

옆에 있는 남편은 무슨 방법으로도
그녀를 위로할 수는 없다.
이제 그는 살며시 그녀의 손을 잡고
진지한 눈빛으로 애원하듯 바라본다.

문 쪽에서 꼬마의 목소리가 밝게 들려온다.
「엄마, 이 꽃다발 받아!」
그러자 그녀의 울음 사이로 가벼운 미소가 스치고,
이 옛집을 통해 위안이 지나간다.

또 하나의 이야기 (5)

그것은 숲속의 호수처럼 맑은
금발 머리 아이의 마음에도 들어왔다.
커다란 행복과도 같은
혹은 원한의 예감과도 같은 것이.

어머니는 물레바퀴를 멈추시고 물으셨다──
「애야, 무엇이 네 마음을 상하게 하니?」
걷잡을 수 없이 흐느끼며 소녀는 말이 없었다.
그런데도 두 사람은 서로 뜻이 통했다.

잠시 후 젊은 남자가 문을 두드렸다.
 ──「너희들은 결혼하기를 원하느냐?」── 잠시 말이 없다가
 ──「그렇다 뿐이겠어요! ──이런 질문을 하는 분이 있을 줄이야!?」
이것도 옛집에서 일어난 일이다.

다른 이야기 (4)

무거운 발걸음으로 아들이
아버지에게 다가간다. 말하기를 무척 주저하며……
「뭐라고, 정말이냐, 애야, 신부감이라고?
어서 데리고 들어오너라!」

이제 생전 처음으로 소녀가 들어와
얼굴에 홍조를 띠고 조용히 거기 선다.
아버지는 안경을 닦으며 말씀하신다.
「이거 봐라! 잘도 골랐구나!」

아버지께서 팔을 내미시고
신부감은 부끄러워하며
그의 키스와 축복을 받고……
이것은 옛집이 알고 있는 이야기이다.

요술 (3)

가끔 나는 비밀에 찬 방이 생기를 띠는 걸 본다.
벽들이 그리도 활기차게 옛 이야기를 해주고,
아직 아이 티를 벗어나지 못한 듯한 사랑스런 소녀가
저기 마돈나에게 손을 올려 기도를 하고 있다.

믿음직해 보이는 소년이
집 살림을 늘이는 데 이바지한 아버지 곁에 서 있다.
그들은 나지막이 속삭이듯 저녁 기도를 드리고,
어머니는 물레를 멈추셨다.

그때는 액자에 든 마돈나의 눈마저
촉촉이 젖어 오는 것만 같다.
나는 굵직하면서도 힘차게 들려오는ㅡ
화해하는 듯한 아버지의 「아멘」 소리에 귀기울인다.

가을의 정감

문가에 이미 죽음이 조용히 와 있는
임종의 방처럼 공기는 미적지근하고
습기찬 지붕 위에는 꺼질 듯한 촛불처럼,
희미한 빛이 가물거린다.

빗방울이 홈통으로 꼬르륵거리며 흐르는 소리,
후텁지근한 바람이 나뭇잎들의 시체를 늘어놓는다—
쫓겨가는 도요새들의 무리처럼 불안한 듯
작은 구름들이 잿빛 하늘을 가로질러 간다.

꿈꾸는 사람

I

내 영혼 깊은 곳에 꿈이 하나 있었다.
아름다운 꿈에 귀를 기울이며
나는 잤다.
그때 행복이 하나 마침 지나갔다,
그러나 나는 꿈을 꾸고 있어서 들을 수 없었다.
행복이 나를 부르는 것을.

II

내게는 꿈이 수선화인 듯—
꿈은 수선화처럼 다채롭고 풍요롭다.
꿈들은 수선화처럼
생명의 진액의 거대한 줄기에서 힘을 빨아들인다.
빨아들인 피와 함께 가슴을 펴고
허망한 순간 속에서 기쁨을 느낀다.

그 다음 순간에는 죽어서 파리해진다—
세계가 저 위에서 조용히 지나갈 때
그대는 향기가 불어 지나가는 것을 느끼지 못하는가?
내게는 꿈이 수선화인 듯 —

우리의 저녁 산책

얼마나 좋은 일이었는지 그대는 아직도 기억하는가,
우리는 누슬러 계곡을 돌아다녔지,
저녁 햇빛에
작고 푸른 나비 두 마리가 날아가 버렸지.

도우의 그림처럼
저기 원두막 곁에는 참외들이 있었고,
칼스호프는 둥근 왕관을 쓰고
멋지게 머리를 치켜들었지.

서쪽에는 아직도 밀이 황금빛으로,
양배추는 녹청색으로 은은하게 빛났지,
맨 먼저 떠 오른 하얀 별무리는
북극성을 둘러싸고 떨고 있었지.

* 프라하 시의 한 구역명.

민요

심금을 울리네
보헤미아의 민요가
가만히 마음속으로 스며들어
우울하게 하네.

한 아이가 있어 감자를 캐며
나직이 노래를 부르니,
늦은 밤 꿈속에서도
그 노래는 여전히 그대에게 들리네.

그대가 이곳을 떠나
멀리 가버려,
숱한 세월이 흐를지라도
그 노래는 그대에게 언제나 떠오르리.

민중의 노래
―― 리프셔 씨의 소묘 스케치를 보고

젊은이의 이마에
창조주는 부드럽게 손을 얹네.
노래의 은실타래로
가장 사랑하는 소녀의 마음을 감고 있네.

그때 젊은이는 어머니의 입으로 들려준,
노래를 달콤하게 회상하리.
그는 내면에서 울려나온 음향으로
바이올린을 가득 채우네.

고향에 대한 아름다움과 사랑을 생각하며
바이올린의 활을 쥐네.
꽃비인 듯 그 소리
살며시 고향 땅으로 방울져 흘러가네.

명예에 도취된 위대한 시인들이여,
옛날 민중이 시나이 산의 신의 말씀에

귀기울이던 것처럼
그대들은 그 소박한 노래에 귀기울이네.

---

* 아돌프 리프셔는 당대의 보헤미아 민중화가.

시골의 일요일

술집의 반들거리는 복도 위에서
젊은이들이 기분좋은 듯 소리치며 비틀거린다.
딱딱하게 굳은 손으로
금발머리 소녀의 손을 넌지시 잡는다.
맥주에 기분좋게 취한 악사들은
〈팔려간 신부〉 중에서 노래 하나를 연주한다.

「축배를 들어라! 내가 오늘 내겠다」
신부님은 명랑한 마음을 좋아한다.
그가 춤을 추고 나서 사랑스런 여성들을
자기가 앉은 식탁에 오라고 할 때,
바깥에선 저녁이 금빛으로 물들고
창문마다 그 안으로 웃음을 보낸다.

---

* 보헤미아 지방의 생활을 그린 스메타나의 오페라명.

나의 생가

기억에서 사라지지 않았다.
어린 시절의 친근한 고향이
파아란 비단 살롱에서
그림들을 구경했지.

두툼한 은색 실로 된
레이스가 많이 달린 인형 옷이 있던 곳,
나는 행복했다.
〈산수 과목〉이 내게서 뜨거운 눈물을 짜내던 곳에서.

달갑지 않은 명성을 좇아
내가 시를 쓰던 곳,
그리고 창문 아래 발판에서
기차놀이나 뱃놀이를 하던 곳.

건너편 백작집에 살던 한 소녀가
내게 항상 윙크하던 곳……
그때는 찬란하던 궁전이

이제는 매우 시들하게 보인다.

소년이 금발 아이에게 입맞춤했을 때
웃음 짓던 그 아이는 지금은 없다.
이제는 더 이상 웃어서는 안 되는
먼 곳에서 그 애는 조용히 쉬고 있으니.

여름 저녁

작열하던 큰 태양이 열기를 뿜어대고 있다.
여름 저녁은 열기 속에 놓여 있고
그 뺨은 뜨겁게 타오르고 있다.
갑자기 그가 탄식한다 「나는 차라리……」
그리고는 다시 「나는 너무 피로해」라며 한숨 쉰다.

수풀은 끝도 없이 기도하고
개똥벌레는 하나의 영원한 빛인 양
멈춘 듯이 거기에 매달려 있고,
한 송이 작은 흰장미는
성자의 붉은 후광을 지니고 있다.

처형*

오래전 일이다.
옛날에 〈링광장〉**에 교수대가 있었다.
둥근 달빛이 시청에 입맞춤할 때면
처형당한 자들의 유령들이
성 테인 성당***에서 나와서 돌아다닌다······
        그것을 보기가 얼마나 끔찍했을까!

숱한 사람들이 링 광장에서 목숨을 잃었다.
그들은 휴식을 찾지 못하고—
어느 날 밤 행렬을 지었다.
예수님께서
엄숙하고 슬픈 표정을 지으며
위대하고 환한 빛 속에서 앞장 섰다······
        그것을 본 사람은 하나뿐!

그는 화가였다. 순식간에 그는
자신이 보았던 대로 그 링 광장을 그렸다.
그리고 그는 예수님께서 엄숙한 표정으로 앞장 서 계신

유령의 행렬을 빈틈없이 그렸다.
고열로 목숨을 잃을 때까지…… 계속 그는 그렸다……
지금 그는 죽고 없다—

  * 1618년의 반란에서 패전한 27명의 보헤미아 귀족들의 처형 장면을 그린 그레치(1866-1894)의 그림을 보고 쓴 시.
 ** 프라하의 넓은 시장터.
*** 시장터에 있는 고딕 양식의 성당명.

구름의 동화

망치 소리가 사라지듯
부드러운 소리로 하루가 끝난다.
산허리 풀밭에 달이 커다랗게 누워 있다.
한 개의 노란 금빛 참외처럼

작은 구름은 달을 맛보고 싶었고
밝고 둥근 달
한 조각을 낚아챌 수 있었다
그리곤 재빨리 그것을 씹어 볼이 불룩해졌다.

조각 구름은 도망가다가 오랫동안 멈추고는
이제 빛마저 모두 빨아들였다.
그때 밤이 황금의 열매를 들어올렸고,
구름은 까맣게 되어 사라졌다.

자유의 울림

보헤미아의 백성이여!
새 창조주 한 분이 그대들 사이에서
옛날의 열렬한 자유의 노래를 일깨워주네
그는 나직하게 말하네
그대들의 쇠사슬을
모두 산산조각 내야 한다는 것을.

이 투쟁적인 시인들은 입김으로 쇠사슬을 녹이네.
그러면 그대들 백성은 돌진하여
법의 대리석 화병을
산산이 부술 수 있네.
하지만 그대들은 시인들의 말에서
미래를 쌓아올릴 수는 없네.

마음속 깊이 변함없는 희망을 가지고
노래의 씨를 뿌려라.
그러면 그대의 시인들은 고귀해질 것이며
새 봄이

싹틀 것이네— 그러면 남아 있는 불이
그대들에게 불붙어 그대들은 행동을 개시하리라.

밤의 모습

극장의 램프에도
정적이 차츰 깃들인다―
활 모양의 화려한 전등 하나가
마차 지붕을 내려다본다.

텅 빈 좁은 길에서는
불빛이 경련하듯 반짝이는데― 저기 집의
밝은 다락방 천장의 작은 창문은
울다 지친 두 눈처럼 보이지 않는가?

밤

I

노란 들녘은 벌써 잠을 자는데
깨어 있는 건 오직 내 마음뿐,
항구의 저녁은 이미
빠알간 돛을 내리네.

꿈을 꾸는 밤의 상념이여!
지금 밤이 대지 위에 물결치네.
하얀 백합 같은 달은
밤의 손에서 피어오르네.

II

열린 창가에 기대어 밤을 향해
나는 꿈을 꾸네,
달빛이 은빛 실타래를 내려

검은 교회의 첨탑 꼭대기를 휘감네.

멀리에서 한 줌 세계가
좁다란 마당을 지나 집안을 들여다보지 않는가—
숱한 별빛이 어두운 한 평생을
환하게 비추어 주네.

III

귀기울여 보라. 널리 펼쳐진 정적 속에서
밤의 발걸음이 살며시 사라지는 것을,
한 마리 귀뚜라미 울음소리처럼
내 책상의 전등은 나지막이 깜박거리네.

서가(書架)에서는 책등이
금빛으로 빛나고 있네.
마치 선녀의 나라로 가는
길의 다리처럼.

IV

옛날 그녀가 아직 어렸을 때
돌아가신 어머니 곁에서 하룻밤을 보내면서,
울다가 졸던 눈을 떴다—
그후 많은 세월이 살며시 흘러갔지만
한 번도 그날 밤을 생각한 적은 없다.

그후 어느 다른 밤이 찾아왔다
그때 빨간 입술이 죄와 열정에 불타올라
쾌락의 웃음을 지었다
그러다 갑자기 — 높은 위력에 이끌린 듯
뜬눈으로 시신을 지켰던 밤을 생각했다.

태양의 마지막 인사
── 베네스 크뉘퍼*의 그림에 붙여

그렇게도 고귀한 태양이 그렇게도 뜨겁게
하얀 바다로 녹아들었다—
두 명의 수사들이 바닷가에 앉아 있었다.
한 사람은 금발이고 한 사람은 백발이었다.

백발의 수사는 생각에 잠겼다 내가 후일에
쉬게 된다면, 이렇게 평화롭기를—
그런데 금발의 수사가 말했다, 명성의 광휘가
내 죽음에 성사를 베푸시기를.

---

* 체코의 화가(1848-1910).

루돌프 황제*

저기 별자리보다 더 높은 곳
하늘의 옥좌 위에
루돌프 황제가 앉아 있다
현자들을 조롱하며
오래 기다리게 했던 〈유성이 이곳을
스쳐 지나갈 것인가〉 하고 생각한다.

그리고는 높은 창공에 있는
별들의 궤도를 다 아는
점성가에게 물었다.
「저 별이 기만당한 자들의 불행으로 인해
불행한 궤도 속에
끌려들 것인가?」

그런데 그 노인은 넌지시 둘러서 황제에게
대답하기를, 「폐하! 저 별은 먼 하늘나라에서
제 궤도를 돌 것입니다!」
그리고는 현자는 남쪽을 향해 바라보았다.

황제는 진지하고 창백한 표정으로
지구의 궤도를 바라본다.

그런데 남쪽에서 멸망은 온다
마티아스도 온다. 성급한 상속자들은
그에게 다만 흐라친 성만을 허락했다.
그런데 황제는 신랄한 농담조로 말하기를,
「나는 죽을 수밖에 없다
이미 흐라친을 위해 죽은 거나 다름이 없으니」

이 늙은 사람아! 우리 시선을 들어보세!
자네 말이 옳아, 별들은 높이 지구의
모든 인력에서 벗어나 떠 있네.
하지만 그 별들을 지향하는 자들은
자신의 어두운 생을
밝은 운명에 결부시키고 있네!

---

* 독일 합스부르크 황제 루돌프 2세(1576-1612), 만년을 흐라친 성에서 은둔자로서 천문학에 몰두하며 보내다가 마침내 그의 동생 마티아스에게 1608년에는 오스트리아, 헝가리 및 모라비아를, 1611년에는 보헤미아까지 넘겨주어야 했다.

우어줄라 수녀원*에서

가난한 자들에게 음식을 갖다 주려면
점심에 우어줄라 수녀원에 가라
거기서 그대는 궁핍이라는 말이 새겨진
피로한 얼굴 표정을 보게 될 것이다.

거기서 그대는, 일찍부터 고통의 쇠테를
두른 이마를 보게 될 것이고,
죽을 끓일 때 나는 김에 엉뚱한 붉은색을
껴얹은 듯한 두 뺨도 보게 될 것이다.

그대는, 나지막한 감사의 말에 섞인 저주하는 듯한
혹은 기도하는 듯한 소리를 들을 것이다.
그래서 수녀원의 입구에서
이 세상의 온갖 참상이 파도치는 소리를 들을 것이다.

---

* 우어줄라 성녀의 이름을 따서 지은 옛 수도원.

유년 시절

살며시 밀려온다. 내가 아직 아이였을 때 보낸
골카*에서의 여름날들이—
술집에서 폴카 춤을 추는 소리가 들려오고
공기는 햇빛으로 무겁다.

일요일에는 헬레네가
다정하게 책을 읽어준다.
구름은 안데르센 동화의 백조처럼
반짝이는 빛속에서 흘러가고

목장의 울긋불긋한 보석들 옆에서
까아만 가문비나무들이 산지기인 양 서 있다.
거리에서 웃음 짓는 소리들이
우리집 정원의 작은 통나무 집터에까지 들려온다.

몇몇 큰 환호의 외침이

---
* 배의 이름으로 추측된다.

우리 둘을 성벽 쪽으로 꾀어간다.
무도회에 가는 쌍들이 축제의 의상을 입고
그 아래를 지나간다.

다양한 빛깔의 의상에 복된 모습으로 처녀 총각이,
얼굴에는 행복의 표정과 햇빛을 담뿍 받고!
골카에서의 여름 날들—
그리고 공기는 밝은 빛에 넘쳐 있었다.

갈등

I

젊은이들의 입에서 예사로 흘러나오는
괴로움에 짓눌린 하나의 굳센 언약,
그 언약은 거의 밤새워 금발의 한 아이를
마음 착한 수녀가 되게 했다.

이 젊은 인생의 물결이 그 이후부터
병실을 조용히 흐르고 있다.
비록 그 눈은 그것을 부인하려고 해도
그녀의 마음은 여전히 향락의 삶을 꿈꾸고 있다.

엄격한 금욕 생활로 그녀는
마음속에서 솟아오르는 것을 억누르고,
에마우스 수도원을 본보기로 놀랍도록 강한
은총의 모습을 찾아 힘을 얻으려고 기도하러 간다.

승리

아직은 날이 밝아오지 않는다.
「오늘은 유례없이 강한 믿음을 가져라
그리고 하느님과 함께 너의 의무를 다하라.
디프테리아에 걸린 환자가 있으니……」

그녀는 어린 사내아이에게 입을 맞추고 따뜻이 보살핀다
그런데도 죽음이 그 아이의 목덜미를 잡았다……
얼마 후 그녀는 마음을 추슬러서 집으로 떠난다
목도리를 했음에도 한기를 느끼면서.

어제 수녀원을 지나 아이가
흙의 품으로 옮겨졌을 때,
〈수녀원의 성당〉에서는 아주 나지막하게
진혼제를 올리는 소리가 들렸다……

가을에

여름의 늦더위가 큰 거미줄처럼
온 세계에 걸쳐진다—
그리고 라우렌치 산*이 금갈색의
옷을 입는다.

산이 온화하게 이쪽을 보고 있기에,
그 등뒤에서 태양이
스스로의 빛줄기에 목발처럼 기대고
피곤해하며 그리도 빨리 발라도리드**를 찾고 있다.

---

 * 프라하 시가가 내려다보이는 산.
 ** 스페인의 지명, 콜롬부스가 죽은 곳. 여기에서는 안식처의 메타포.

교외에서

쉰 소리로 기침을 하던 위층의 노파는
정말 죽었구나. ──그녀는 누구였던가?── 아, 그녀가 우리에게
준 것은 아무것도 없다─ 그녀는 조소와 경멸을 받았는데……
그녀의 이름을 아는 사람은 거의 없었다.

아래에 검은 장의 마차가 서 있었다.
제일 싸구려 관이 삐져나오자,
사람들은 저주하며 밀어넣었다
그리곤 거칠게 문을 탁 닫았다.

마부는 말라빠진 말들을 채찍질하며
털럭털럭 가볍게 묘지를 향했다.
고통과 행복에 가득 찼던 한 평생이
아니었던 것처럼─ 죽은 꿈인 것처럼.

성 하인리히 성당* 옆에서

성당의 제단 칸막이 바로 가까이
매달린 등불이 희미하게 깜박이는 곳에,
잿빛 방패판 아래
늙고 늙은 기사가 잠을 잔다

살아서 그는 방패를 높이 쳐들고
언제나 그 빛나는 명성을 얻으려고 노력했다—
그는 알까? 노파들이 절뚝거리며
그 위를 지나가는 것을.

* 릴케가 영세를 받은 프라하의 작은 성당.

중부 보헤미아의 풍경

파도치는 숲들의 그늘진 가장자리가
멀리 어두워져 가고 있다.
그리고는 드문드문 나무가 서 있어
키 높은 밀밭의 담황색 광경을
가로막고 있을 뿐.
그지없이 밝은 햇빛 속에서
감자가 싹트고, 그리고는
조금 떨어져 보리밭, 울창한 삼림이
이 풍경의 한계를 짓기까지.
어린 나무 숲 위로 성당 첨탑의 십자가가
우뚝 솟아 황적색으로 빛나고 있다
전나무 숲에 솟아 있는 산지기 오막살이―
저 너머에는
반짝이는 푸른 하늘이 아치 형으로 걸려 있다.

고향 노래

들에서 고상한 노랫가락이 들려온다
왜 그런지 나도 모른다……
「이리 온, 너 체코 소녀야.
내게 고향 노래를 들려다오―」

소녀는 낫을 놓고
단번에 내 곁으로 달려왔다―
그리고는 밭이랑에 걸터앉아
노래한다.「내 고향은 어디에 있나요?」

이제 소녀는 노래를 멈추었다. 눈물이
가득 고인 눈을 내게 돌린 채―
그리고 동전을 받아 쥐고선
내 손에 말없이 입맞춘다.

Rainer Maria
Rilke

꿈의 관을 쓰고

왕의 노래

그대는 삶을 위엄으로 견뎌낼 수 있다오.
마음이 좁은 자들만이 삶을 보잘것없게 살 뿐,
거지들은 그대를 형제라 부를 수 있어도,
그대는 왕이 될 수도 있다오.

어떤 적황색 띠도 그대의 이마에 드리운
신의 침묵을 중단시킨 일이 없었는지 —
아이들은 그대에게 고개를 숙일 것이며
행복에 젖은 몽상가는 그대에 대해 놀랄 것이오.

나날이 빛나는 태양으로부터 그대에게
자색빛 제왕의 제복과 족제비 털외투를 짜내어 준다오,
손에는 애수와 희열을 쥔 채,
밤은 그대 앞에 무릎을 꿇는다오.

꿈꾸기

I

마치 잊혀진 예배당 같은 내 마음
제단 위엔 활기찬 오월이 뽐내고 있다.
폭풍은 잘난 척하는 젊은이인 듯
작은 창문들을 깨뜨린 지 벌써 오래.
이제 교회의 성물실(聖物室)까지 새어들어
미사용 작은 종을 세차게 울린다.
날카로운 종소리의 겁먹은 동경의 외침이
멀리에 계신 몹시 놀란 신을
이미 오래 잊혀져 있었던 제단으로 불러들인다.
그때 바람이 소리내어 웃으며 창문을 통해 뛰어 돌아다 닌다.
그러나 화가 나신 신은 소리의 물결을 움켜잡고
그것을 타일 바닥에 던져 부수어버린다.

그런데 가난한 소원들이 문 앞에 긴 대열을 지어
무릎을 꿇고 이끼 낀 문턱에서 구걸하고 있다.

하지만 이제 기도하러 지나가는 사람은 아무도 없다.

II

나는 생각한다.

어느 작은 마을에 이상하리만치 평화로운 기운이 새어든다.
거기서 닭의 울음소리 들려온다.
그런데 이 마을은 꽃잎의 눈보라 속에서
사라져버렸다.
일요일의 분위기가 감도는 이 마을에
작은 집 한 채 있었다.
안이 들여다보이는 커튼 뒤에서 금발머리가
살며시 고개를 내밀고 끄덕였다.
그때 쉰 목소리로 도움을 구하는 소리가 들려
재빨리 문으로 달려가 보니—
방에서는 라벤더 향만 날 뿐,
은은하게 은은하게……

III

내게 작은 집이 하나 있다면
자색의 나뭇가지 뒤에서
귀뚜라미의 나직한 바이올린 소리가 나고
붉은 해가 죽으러 갈 때,
그 문 앞에 늦도록 앉아 있는 것 같다.

온통 초록으로 된 비로드 모자처럼
내 집 지붕에는 이끼가 끼어 있고,
굵은 테로 된 반짝이는 작은
납유리 창이 하루에게 불꽃 같은
뜨거운 인사를 보냈다.

꿈을 꾸었다. 내 눈은 벌써
창백한 별들에 도달했다—
마을에선 아베마리아 시어 소리가 두려운 듯 들려오고
길 잃은 나방 한 마리
눈처럼 은은히 빛나는 자스민꽃 속에서 하늘거렸지.

지친 양떼들이 타박타박 지나가고
어린 목동은 휘파람을 불었다.
손에 머리를 묻은 채,

일이 끝난 후 저녁 시간이
내 영혼 속에서 현을 켜는 것을 느꼈다.

IV

오월에 바싹 마르고 늙은
버드나무 한 그루가 슬퍼하고 있다—
그 옆에는 낡은 통나무집이
회색빛으로 외로이 웅크리고 있다.

일찍이 버드나무에는 둥지가 하나 있었고,
통나무집에는 삶의 행복이 깃들여 있었다.
그런데 겨울이 왔고, 괴로움이 — 하지만
이젠 새도 사람도 없다……

V

여기 이 노란 장미는
어제 그 소년이 내게 주었다.
오늘 나는 똑같은 장미를 들고
금방 만든 그의 무덤으로 간다.

잎에는 아직도 빛나는 방울이
맺혀 있다— 봐라!
어제는 이슬방울이었는데
오늘은 눈물 방울이다……

VI

우리는 황혼 속에 함께 앉아 있었다.
「엄마, 한 번만 더 금발의 공주에 대한
아름다운 이야기를 해주세요, 네?」
하며 나는 어리광을 피웠다.

엄마가 돌아가신 후 저녁 노을이 지면
내겐 그리움이 싹튼다, 그 파리한 여인이.
아름다운 공주에 대한 전설을
이 여인도 엄마와 같이 잘 알고 있다.

VII

바랐는데, 그들이 내게 요람 대신에
작은 관 하나를 만들어주기를,

그러면 내게 더 나았을 텐데, 그러면 습기 찬 밤에
입술이 벌써 침묵을 지킨 지 오래였을 텐데.

그러면 거친 의지가 내 가슴을
불안에 떨게 하지는 않았을 텐데— 그러면
이 작은 몸 속에 고요가 깃들였을 텐데,
아무도 생각할 수 없는 고요가.

한 어린이의 영혼만이 올라갈 텐데,
높은 하늘로 가벼운 발걸음으로— 아주 가볍게……
왜 그들은 내게 요람 대신에
작은 관 하나를 만들어주지 않았을까?

VIII

저기 저 위에서 떠돌 수 있는
구름이 부럽구나!
어떻게 햇빛 비친 황무지에
검은 그림자를 드리웠던가.

태양이 얼마나 대담하게
지구를 어둡게 할 수 있었던가,

구름이 지나갈 때 지구는 빛이 그리워
얼마나 원망했던가.

나는 저 금빛으로 빛나는
태양의 모든 물결도 막아버리고 싶었지!
한 순간일지라도!
구름이여! 정말로 나는 너를 시기한단다!

IX

내게는 시끄럽고 병든 세계가 최근에
갑자기 산산이 부서져 먼지로 흩어진 것 같다.
그리고 내게는 세계에 대한 위대한 상념만이
가슴속에 남아 있는 것 같다.

세계는 내가 생각한 대로이기에,
모든 갈등은 위안을 받는다.
황금빛 해의 날개에 실려 다소곳이
초록 숲의 위안이 내 주변을 맴돈다.

X

만사가 귀찮아진 백성이 예부터
익숙한 발걸음으로 터벅터벅 걸어갈 때,
나는 향기 나는 울타리를 지나
하얀 산책길을 거닐고 싶다.
마치 신처럼 엄숙하고 고독하게.

휘황찬란한 먼 곳을 향해
햇볕이 마중올 것을 확신하며 거닐고 싶다—
이마 주위에는 차가운 꽃잎들을,
안식일처럼 고요한 가슴에는 어린이처럼
순수한 신화를 가득 담은 채.

XI

어찌된 영문인지 내가 알겠는가?
공중에는 향기가 가득
구릿빛 갈색의 풀줄기에선
외로운 귀뚜라미의 슬픈 노래.

내 영혼 깊숙한 곳에서도 울려나온다

슬프고도 사랑스러운 선율이—
어디선가 열에 들떠 있는 아이는 들으리라
돌아가신 어머님의 노랫소리를.

XII

산산히 찢어진 침대 시트에서
일찍 눈 뜨는 자연
곱고도 순결한 신들의 목이 빛난다.
다만 멀리 떨어진 깊은 산골에는
앙상한 자색빛 덤불 뒤에
겨울이 엉뚱하게
하얀 발자국을 뽐내고 있다.

버드나무 사이로 난 자전거 길로 나는 간다,
축축한 자전거 바퀴 자국
그 가장자리를 따라. 바람은 부드럽게 불고
태양은 삼월의 광채 속에서 뽐내며
동경의 어두운 마음속
내 희망의 성화 앞
하얀 봉헌초에 불을 켠다.

XIII

갖가지 색이 두려운 듯 빛 바랜
연한 잿빛 하늘.
멀리— 아픈 채찍의 상처 자국인 듯
붉게 타오르는 단 한줄기 선(線).

종잡을 수 없는 반사빛이 사라졌다 나타났다.
공중에는
사라져가는 장미향 같은 것이 떠 있다
소리 죽여 우는 울음 같은 것이……

XIV

밤은 공원에 짙은 향기 드리우고
별들은 조용히 내려다보고 있다.
하얀 거룻배 같은 달은
보리수 나뭇가지 끝에 내려오려는 듯.

나는 멀리서 분수가 노래하는 소리를 듣는다.
한 편의 동화를, 오래전에 잊었던 그 이야기를,
그리고 높이 자란 움직이지 않는 풀 속에

사과가 한 개 살짝 떨어지는 소리.

가까운 언덕에서 밤바람이 나부껴 온다.
해묵은 참나무 밭을 지나
푸른 나비의 날개 위에
여린 포도의 짙은 향기를 실어다준다.

XV

환한 은빛 눈 내리는 밤의 품에서
모든 것이 졸고 있다 넓고도 멀게,
그런데 영원히 가시지 않는 고통만이
영혼의 고독 속에서 깨어 있다.

그대는 묻는다. 왜 영혼은 말이 없는가를,
왜 영혼은 밤중에 나와서 고통을 쏟아버리지
않는가를? 영혼은 알기에, 고통이 자기에게서 벗어나면
모든 별들이 빛을 잃고 사라진다는 것을.

XVI

저녁 종소리. 자꾸만 힘이 없어지는 소리로
산에서 새로이 메아리친다. 그러면
그대는 초록으로 물든 산골짜기에서
차가운 공기가 파닥이며 날아옴을 느낀다.

하얀 초원의 샘물에서 노랫소리가 들려온다
어린아이의 더듬거리는 기도처럼.
저 높이 검은 전나무 숲 사이로 오랜 옛적부터
내려오는 소리가 지나간다 마치 황혼처럼.

한 조각 구름의 틈 사이로
저녁이 암벽들 위에 붉은 산홋빛을
던진다— 그리고는 현무암의 어깨에서
소리없이 반사한다.

XVII

세상 멀리 떠도는 방랑자여,
안심하고 돌아다녀라……
그대만큼

인간의 고통을 아는 사람은 없으니.

밝은 빛과 함께
그대가 방랑을 시작할 때,
고통이 촉촉한 눈을 뜨고
그대를 바라보네.

그 속에 ──이해해 다오!
그대를 향해 부르듯──
그 깊고 깊은 곳에
온통 아픔으로 채워진 세계가 있다네……

헤아릴 수 없는 눈물 방울은
진정하지 못하고, 끝도 없이 말을 하네.
눈물 방울마다
그대 모습 비춰지는구나.

XVIII

금발의 행복이 내게 오기를 바라지만
그리움과 찾는 일에 나는 지쳐 있다─
맑은 물은 조용한 초원으로 흘러들고

저녁은 너도밤나무에서 붉은 피를 흘린다.
소녀들은 집으로 발걸음을 옮긴다. 붉은 옷을 입은
장미처럼 멀리서 웃음소리 잦아져 가고……
첫 별들은 다시 떠오르고
꿈도 떠오르는데, 그 꿈이 마음을 슬프게 한다.

XIX

내 눈앞에는 바위의 바다가 놓여 있고,
수풀은 반쯤 돌밭에 파묻혀 있다.
죽음 같은 침묵— 안개를 머금고
저 건너에 하늘이 걸려 있다.

한 마리 힘없는 나비만이 쉬지 않고
병든 땅 위를 이리저리 날아다닐 뿐……
마치 신의 생각이 그를 부인하는 자의 가슴을 뚫고
방황하듯, 그렇게 외로이.

XX

고요한 집의 창문이 불타올랐다

정원은 온통 장미 향기로 가득
저 높이 하얀 구름 절벽 위에
저녁이 미동도 없는 대기 속에서
나래를 폈다.

하늘나라에서의 부름인 듯 부드럽게
종소리가 목장 위로 흘러왔다……
속삭임에 가득 찬 자작나무 너머에서 밤이
살며시 첫 별들을 희미한 푸르름 속에 떠오르게 하는 것을
나는 보았다.

XXI

너무도 하얀 밤이다.
그런 밤에는 모든 것이 은빛으로 보인다.
그때 착한 목동을
새 아기 예수에게 데려가듯
그리도 부드럽게 몇몇 별들이 빛나고 있다.

멀리 금강석 가루를 잔뜩 뿌린 듯,
초원이 나타나고 밀물이 밀려온다.
마음에는 꿈을 꾸듯

조용히 기적을 행하는 사사로운
믿음이 솟아난다.

XXII

마치 한 송이 커다란 기적의 꽃처럼
세상이 온통 향기로 가득 차 빛난다.
오월의 밤에 나비 한 마리 푸른 날개 파닥이며,
활짝 핀 꽃술에 앉아 있다.

아무것도 움직이지 않는다 나비의 촉각만이 반짝일 뿐……
그리고는 벌써 하얗게 바랜 날개가 나비를
아침에게로 싣고 가고, 붉은 나뭇가지에서
나비는 죽음을 들이마신다……

XXIII

별이 뚝뚝 방울져 내리는 오월의 밤이
조용하기 그지없는 곳에 드리워질 때,
온갖 정감을 깊이 드리우며, 감미로운 충동처럼
가슴이 두근거린다.

그때 그대는 발꿈치를 들고 살금살금 다가가서
빛나는 푸른 하늘에 올라가기를 꿈꾼다.
바이올렛 빛 장대속 꽃처럼 크게
그대에게서 어두운 영혼이 솟아오른다.

XXIV

이미 하루 해가 동쪽 하늘가를 장식할 때에도
빛을 잃지 않는 별들이 있다면 얼마나 좋을까,
내 영혼은 곧잘
그런 특이한 별들을 꿈꾸었다.

그리도 부드럽게 빛나기에 내 눈이
그곳으로 가고 싶어하는 별들을,
내 눈은 어느 금빛 여름날에
햇빛을 듬뿍 받아 피로해졌다.

그런데 그런 별들이 정말
저 높이에서 세상사 속에 살며시 내려온다면 —
그러면 별들은 숨겨진 사랑과 모든 시인들에게
성스러울 수 있을 텐데.

XXV

나는 정말 괴롭다. 정말 괴로워 온 세상이
잿빛 속에서 사라져갈 것 같다
마치 애인이 내게 입을 맞추고
영원한 이별을 고하는 것처럼.

내가 죽어 있는데도 뇌속에는
심한 고통이 아직도 소용돌이치는 것 같다
왜냐하면 한 소녀가 언덕에서
나의 마지막 빛 바랜 장미를 훔쳐 갔기에……

XXVI

계곡의 연기 속에 저녁이 황금의 신을 신고
피곤한 듯 비틀거린다—
풀줄기에 꿈꾸듯 앉은 나비는
환희에 넘쳐 어쩔 줄 모른다.

모든 것이 오롯이 고요를 들이마신다. —
영혼이 부풀어올라
은은하게 빛나는 외피가 되어

세상 어두움의 주위에 몸을 눕히듯.

XXVII

내가 성스럽다 일컫는 추억이
내 마음 깊은 곳에서 빛나고,
하얀 대리석 성상처럼 축복받은
숲의 황혼 속에서 불타고 있네.

지난날 행복했던 추억이여,
사라진 오월에 대한 추억이여—
하얀 손에 향기 가득 채운 채,
내 고요한 날들은 스쳐 지나가는구나……

XXVIII

내가 병에 지쳐 이제는
활기찬 봄을 좋아하지 않는다는 것을 믿어다오—
내가 바라는 건 오직 태양처럼 빛나고,
가지 끝이 붉은 초가을날 뿐인 것을.

날카로운 환호성을 올리는 욕망이
더 이상 가슴속에 돌아오지 않기를—
내가 바라는 건 오직 사람이 죽어가는 방의 정적뿐,
마음 깊숙이 — 내 죽어버린 행복을 위해.

사랑하기

I

사랑은 어이 그대에게 왔는가?
해보라처럼 왔는가, 꽃보라처럼 왔는가,
또는 기도처럼 왔는가? 말해 다오.

사랑의 행복은 빛나면서 하늘에서 떨어져 나와
두 나래를 접고 큰 몸집으로
나의 꽃피는 영혼에 걸렸구나……

II

흰 국화꽃 핀 날이었다—
그지없는 현란함에 나는 거의 두려움마저 느꼈다……
그때에, 그런데 그때에 그대가 내 영혼을 가지러 왔다
깊고 깊은 밤에.

너무도 두려웠다. 그런데 그대는 왔다, 사랑스레 소리도 없이 —
마침 꿈속에서 그대를 생각하고 있을 때.
그대는 오고, 밤은 동화의 노래처럼 나직이
울렸다……

III

오월의 어느 날에 그대와 함께 있고 싶다,
서로에게 넋을 잃어가고 싶다,
향기가 솟아오르는 불꽃같은 꽃들 사이로,
하얀 자스민이 우거진 쉼터를 찾아.

거기에서 꽃 피우는 오월을 내다보고 싶다
영혼 속에 깃들인 온갖 소망은 아주 잠잠한데……
기쁨 속 한가운데에 행복은 쌓아올리련다,
커다란 행복을, ——바로 그것이다, 내가 원하는 것은……

IV

어인 영문인지 모른다……

그 무슨 희열을 귀담아 듣고 있는지도 모른다,
내 마음은 도취된 듯 어디론지 가버리고,
그리움은 한 가닥 노래와도 같다.

그런데 나의 소녀는 명랑한 천성에
머리는 햇빛에 가득하며
눈은 오늘날에도 이적(異蹟)을 행하는
마돈나를 닮았다.

V

그대는 아직도 기억하는가? 내 그대에게 사과를 가져다주고
그대의 금빛 머리를 살며시 부드럽게 쓰다듬은 일을.
그대는 아는가, 내가 곧잘 웃었던 것을,
그대는 그때 아이였었지.

그후에 나는 진지해졌지. 내 마음속에서는
젊은 희망과 지난날의 원한이 불타오르고 있었다……
그 무렵 가정교사가 그대의 손에서
『젊은 베르테르의 슬픔』을 빼앗은 적이 있었지.

봄이 불렀지. 나는 그대의 볼에 입맞추고,
그대는 축복에 찬 커다란 눈으로 나를 바라보았지.
어느 일요일의 일이었지. 멀리서 종소리 울려왔고,
빛들이 숲을 지나갔지……

VI

우리 둘은 사색에 잠겨 포도잎 그늘 아래
앉아 있었지. ──그대와 나는──
우리들 머리 위 향기로운 덩굴 속
어디선지 왕벌이 윙윙거렸지.

반사광선이 그대의 머리카락 속에서
잠시 휴식을 찾았지. 오색의 원을 그리며……
「그대 눈은 참으로 아름답군」 하고
한번 나직이 말했을 뿐, 나는 아무 말도 하지 않았지.

VII

창유리 뒤에서 작은 금발머리가
너무도 화사하게 눈에 띈다─

저것은 떠도는 먼지 속으로 들어갈 것인가?
아니면 반짝이며 내게로 다가설 것인가?

그것은 나를 사로잡고 있는
사랑스런 소녀의 머리인가,
저 태양처럼 빛나는 세상에
떠도는 먼지인가?

아무것도 다른 것을 넘겨다보지 못한다.
이마에는 평온을 가득 담고
몰래 저녁이 스쳐 지나가는데……
그런데 우리는? 아, 우리는 사라지는 저녁을 바라다볼 뿐.

VIII

리제는 오늘 16세가 된다.
그녀는 네잎 클로버를 찾았다……
멀리 사내아이들의 무리 같은 것이 몰려 있고,
그 금발 머리의 민들레꽃들이
반짝이는 독초의 보호를 받으며.

저기 독초 뒤에 고집스럽고 헝클어진

거대한 숲의 신이 웅크려 앉아 있다.
이제 그는 리제가 다가오는 것을 훔쳐보고
큰 소리로 웃으며 목장을 뛰어다닌다
바람에 물결치는 파도처럼……

IX

포도 넝쿨 속에서 깊은 꿈에 잠긴다
내 금발의 어린 소녀와 함께.
요정처럼 가녀린 그녀의 손이 떨고 있다
뜨겁게 잡은 내 손 안에서.

노란 다람쥐 한 마리가
반사광선 속을 날쌔게 지나가는 것처럼
바이올렛 빛 그림자는
하얀 옷에 얼룩을 그려넣는다.

우리의 가슴속에는 행복의 눈이 쌓여
금빛 햇빛 같은 침묵이 자리한다.
그때 비로드 옷을 입은
벌 한 마리가 축복을 내리듯 윙윙거린다……

X

순수한 영혼이 꿈의 얼굴을 지닌
밀물로 넘쳐흐르면,
그것은 사랑하는 이의 눈을 감싼
빛 가득한 대양이다.

그러면 나는 은은히 반짝이는 빛의 중후함에
떤다, 달리다가 멈추는 아이처럼.
날개문이 소리 없이 열리고
크리스마스 트리가 있는 화려한 방이 나타난다.

XI

나는 그때 소년이었다. 지금도 기억하고 있다
오늘 사촌 누이 올가가 찾아온다는 말을.
그리고는 은은히 빛나는 모래톱으로 다가오는 너를 보았지,
몸에 쬐는 빛 바랜 옷을 입은 너를.

한참 후에 서열대로 식탁에 앉아서
적당히 목을 축였다.

그런데 내 잔이 그대의 잔에 부딪혀 소리가 울렸을 때,
내 영혼에는 금이 하나 갔지.

놀라서 너의 얼굴을 들여다보고는 넋을 잃고,
다른 사람들의 잡담은 귀에 들어오지 않았다.
왜냐하면 나의 마른 목 깊숙한 곳에 질식게 하려는 듯
나직한 울음이 북받치고 있었기에.

우리는 공원을 걸었다— 너는 행복에 관해 이야기하고는
내 입술에 오래도록 입맞춤을 해주었고,
나는 너의 이마, 입술, 그리고 볼에
열띤 입맞춤으로 답해 주었다.

그때 너는 살짝 눈을 감았다
맹목으로 기쁨을 깊이 느끼기 위해……
그때 마음속으로 예감했다, 네가
죄를 짓고 차라리 죽고 싶어했음을……

XII

은빛으로 반짝이는 옷을 입은 밤이
손에 가득히 쥔 꿈을 뿌려주면,

꿈들은 내 깊은 영혼을
빈틈없이 취하게 한다.

아이들이 찬란한 광채와 금빛의 호도들로 가득 찬
크리스마스를 보듯—
나는 네가 봄밤을 거닐며
꽃들마다 입맞춤하는 것을 본다.

XIII

낮은 이미 세상에 없다. 숲은 마술사 같고,
소 발밑에서 시클라멘 꽃이 피를 흘렸다
쭉쭉 높이 뻗은 전나무들이 작열하듯 빛나고 있었다.
바람과 함께 짙은 향기가 불어왔다.
너는 우리가 먼 길을 걸어온 탓에 지쳐 있었다.
내가 너의 고운 이름을 나직이 부르자,
큰 기쁨의 힘으로
너의 가슴속 하얀 백합 씨에서
붉은 정열의 나리꽃이 솟아나왔다.

저녁이 붉게 물들었고 — 너의 입술도 붉게 물들었다
내 입술이 그리움에 못 이겨 너의 입을 보았듯이,

우리의 내부에서 갑자기 타오르는 저 불꽃이
시샘하는 옷을 핥았다……
숲은 잠잠했고, 그날은 지나가버렸다.
그러나, 예수님이 부활하시어,
그날로 시기와 곤궁이 사라져 없어졌다.
달은 큰 몸으로 우리의 언덕에 내려왔고,
하얀 조각배에서 행복이 살며시 솟아올랐다.

XIV

라일락이 정원에서 빛나고,
저녁은 성모 마리아 시어 소리로 가득 찼다—
우리가 원망과 비탄 속에 서로 헤어졌던 것도
그때의 일이었다.

태양은 뜨거운 열에 뜬 꿈속에서
멀리 잿빛 산비탈 뒤로 죽어갔고
그대 빛나던 하얀 옷은
이제 꽃핀 나무들 뒤로 사라져 갔다.

나는 은은한 빛이 서서히 사라지는 것을 보며
오랫동안 밝은 빛을 보고 두려움에 찬 아이처럼

불안에 떨었다.
나서 말하는 아이처럼,
내가 이제 눈이 멀었나?

XV

너는 종종 어린아이처럼—
그럴 때에는 내가 고루한 늙은이처럼 느껴진다—
맑은 종소리 같은 너의 웃음만이라도
아주 나직하게 내 가슴속에서 되울릴 때면,

그리고는 아이처럼 크게 놀라서
네가 깊고 뜨겁게 눈을 뜰 때는—
나는 너에게 입을 맞추고
들려주고 싶다, 내가 아는 가장 아름다운 동화들을.

XVI

내 영혼은 행복을 갈망한다,
한 가닥 짧고 어리석은 기적을 바라는 망상을……
샘물 콸콸 흐를 때, 소나무들이 속삭일 때

나는 소녀가 다가오는 소리를 듣는다.

그리고 자색으로 가장자리가 물든 언덕에서,
은빛 쪽배가 파리한 푸르름 속으로 떠 흘러간다―
그러면 짙게 그림자 드리운 꽃나무 아래로
다가오는 소녀를 본다.

하얀 옷을 입고서. 일요일에 나와 함께 먼지와 수풀 속을 거닐던
이미 죽은 내 사랑처럼
가슴에는 저 붉은 꽃만 꽂고.
내 사랑도 그 꽃을 꽂았던가?……

XVII

가을날 우리는 단풍진 너도밤나무 아래를 거닐었다
이별의 아픔에 두 사람 다 눈이 붉게 젖어들었다……
「내 사랑, 이리 와, 우리 꽃을 찾으러 가자」
나는 두려워하며 말했다 「꽃들은 이미 시들어버렸는데」라고.

나는 큰소리로 울면서 말했다― 하늘에는

벌써 희미한 별 하나가 아이처럼 미소 지으며 떠 있었다.
지친 낮은 조상들을 향해 가며 죽어간다.
멀리서 까마귀 한 마리가 울었다—

XVIII

봄 아니면 꿈속에서
언젠가 그대와 만났지,
지금 우린 가을날에 함께 걸어가는데
그대는 내 손을 잡고 울고 있네.

흘러가는 구름 때문에 우는가?
피처럼 붉은 나뭇잎 때문에? 아니, 그럴 리 없지.
나는 느끼네, 옛날에 그대가 행복했던 때문임을,
봄 아니면 꿈속에서……

XIX

그녀에게는 아무런 일도 없이,
아무 일 없이 그저 세월이 흘러갔다—
문득 그것은 온통 빛과 함께 왔는데……

사랑이었는지, 그 무엇이었는지.

그녀는 갑자기 그것이 녹아 없어지는 것을 불안스레 보았다
그러자 그녀의 집앞에는 연못이 하나 생겼다……
마치 꿈처럼 시작되는 것 같았는데,
운명처럼 그것은 끝났다.

XX

사람들은 느꼈다, 가을이 왔음을. 낮은 자신의
핏속에서 쉬이 죽어갔고.
황혼 속에서 꽃만이 아직도 눈부시게 불타고 있었을 뿐,
작은 여자아이의 활처럼 휘어진 모자 위에서.

다 헤어진 손장갑을 끼고
그녀는 내 손을 애교 있게 살며시 쓰다듬었다—
좁은 길에는 나와 그녀밖에는 아무도 없었는데……
그녀는 불안에 떨며 물었다. 너 떠나갈 거야?
「그래, 떠나가」

그녀는 서서 이별의 괴로움으로 가득 찬 머리를

내 외투깃에 묻었다……
작은 모자에서 장미가 붉게 끄덕였고,
저녁이 고달픈 듯 미소 지었다.

XXI

축하 기분에 넘친 일요일 아침 일찍
웃는 소녀들을 만날 때면……
가끔 생각이 든다, 고생과 고통 끝에
운명이 나를 다시 축복하려 한다고,
그들이 웃는 소리가 나는 듣기 좋다.

그후에도 오래도록 그 웃음은 귓속에 남아
다시는 그것을 잊을 수 없을 것 같다……
낮이 산비탈 뒤로 사라져가면, 그러나
나는 내게 그것을 노래해 주련다…… 그러나
하늘 높이 벌써 별들이 먼저 노래한다……

XXII

먼 옛날— 먼 옛날의 일이었네……

언제였던가— 이젠 그것조차 말할 수 없네……
종이 울리고 종달새가 노래했었지—
그때 가슴은 그리도 행복에 겨워 고동쳤었지.
하늘은 어린 나무 숲 언덕 위에서 그리도 빛났고,
라일락은 꽃을 피웠지—
나들이 옷을 입은 날씬한 소녀,
놀라움에서 나오는 물음에 가득 찬 눈……
먼 옛날— 먼 옛날의 일이었지……

Rainer Maria
Rilke

성령강림절

서시

바람이 겨울 숲속에서
목동처럼 눈송이 떼를 몰고 있다.
전나무들은 머지 않아,
경건하고 성스러이 촛불로 밝혀질 것을 예감하고
멀리 귀기울인다. 새뽀얀 길로
가지를 뻗는다— 미리부터,
바람을 맞으며 그 장엄한 하룻밤을
향해서 성장한다.

여러 벗들에게 바침

이것이 나의 싸움이다.
그리움에 젖어
날마다 떠돈다.
그리고는 힘차고도 널찍이,
수많은 뿌리의 줄기로써
인생 속 깊숙이 파고든다—
그리고 고뇌를 통해
멀리 생으로부터 성숙해 나간다,
멀리 시간으로부터도!

* * *

그대 나의 성스러운 고독이여,
그대는 눈뜨는 정원처럼
그리도 풍성하고 맑고 멀구나.
그대 내 성스러운 고독이여—
많은 소망들이 기다리고 있는
황금의 문을 닫아두어라.

* * *

시냇물이 나직한 선율로 흘러간다
세속의 먼지와 도시는 멀리에 있다.
나무 우듬지들이 오라 가라 손짓을 하여
나를 아주 피곤하게 한다.

숲은 황량하고 세상은 먼데,
내 마음은 밝고 넓다.
창백한 고독이 내 머리를
품속에 안아준다.

* * *

나는 들판에 서 있는 잊혀진 마돈나를 사랑한다,
하염없이 누군가를 기다리는 마돈나를,
그리고 금발의 머리에 꽃을 꽂고 외로운 우물가로
꿈꾸러 가는 소녀들도 사랑한다.

그리고 놀란 큰 눈으로 별들을 바라다보며
태양을 향해 노래하는 아이들도
내게 노래를 가져다주는 날도,
꽃속에 깃들여 있는 밤도.

* * *

그대가 즐거운 무리 속에 어울리던 아이였다면,
내가 낮을 영원히 적대시하는 위험으로
미워하게 된 까닭을
알 수는 없으리.
어찌나 낯설고 외로웠는지,
꽃처럼 파리한 오월의 깊은 밤에만
나는 남몰래 행복할 수 있었다.

낮에는 경건한 채 의무적으로 꽉 끼는 반지를
비겁하게 끼고 다녔다.
그러나 밤에 나는 사람들 사이에서 몰래 빠져나왔다.
내 방의 작은 창문이 열렸다 —— 삐거덕하고 ——
아무도 몰랐다. 한 마리 나비,
내 그리움이 여행을 떠나는 것을.
멀리 있는 별들에게 나직이
고향이 어디인지 물으러 간 것을.

* * *

공작의 깃털

비할 나위 없는 그대의 섬세함을

아이였을 때부터 나는 얼마나 사랑했던가.
그건 그대를 사랑의 표징으로 여겼기 때문이지.
모든 아이들이 잠들인 차가운 밤
은빛의 고요가 깃들인 연못에서
요정들이 보여주는 그런 표징으로.

어지신 할머니께서
소원의 지팡이 이야기를 자주 읽어주셨기에
나는 꿈을 꾸었네, 그대여, 부드러운 마음씨여
그대의 섬세한 깃털 속에
마술 지팡이의 지혜로운 힘이 넘쳐흐르는 것을—
그래서 나는 여름의 풀 속에서 그대를 찾았네.

* * *

밤에 매일같이 여행하는 중에
나는 자주 생각한다, 꿈이 도움이 됨을,
살며시 차가운 입술로 내 뜨거운 이마에
입을 맞추러 오는 꿈이.

그럴 때 나는 별들의 반짝임이
보고 싶다— 낮은 초라하고 왜소하며,
밤은 넓고도 멀어 은빛 경계를 이루고

전설일 수도 있다.

* * *

내가 행복할 수 있도록

누가 환자들을 어두운 문 앞에
데려올 때, 그것은 저 빛나는
봄날의 어느 하루이어야 한다.
노래가 제대로 안 나와
라일락꽃 속에서 참새들이 싸운다
모든 속박이 가라앉아 시냇물은
행복에 겨워 어찌할 바를 모른다, 그래서 튀어오른다
나무판자 위에까지,
그 뒤에는 자갈로 둘러진 화단과
만발한 꽃들, 바람에 흔들리는 자작나무가 있다.
봄이 사랑스런 팔로 넌지시 끌어안 듯,
덩굴로 휘감은 금칠한 작은 집 앞에서는—
금발의 아이가 제일 아름다운 내 노래를
부르는 것 같다.

* * *

내 영혼이 잠잠해지는 날들이 있다.
성당에서 기도하던 사람들이 모두 나오고
천사만이 하나 황금의 날개로 말없이 씨름하며
올라오는 향의 연기를 막고 있을 뿐,
환호하는 천사의 팔을 묶으려는 향의 연기를.

꿈을 꾸다 만 성자상들이 기도를 간절히
들어주려는 소망 가운데에서 어두워지고 있다.
성자상들은 신자들이 성당 가득히 앉아 있고 파이프오르간 소리가
크게 울려퍼지는 일요일을 기다린다―
파리하게 매달린 등들이 이리저리 흔들리고 있다.

* * *

그대들 가운데서 수줍게 소리내고 있는 것을
영혼이라 부르는가? 왜 광대들의 손뼉 소리처럼,
박수를 구걸하고 위엄을 구하려 하는가
마지막에는 고딕식 예배당의 향의 연기 속에서
가난한 죽음을 죽어야 하는가―
그대들은 이것을 영혼이라 부르는가?

눈이 내린 오월에, 세계가 먼 여행의 길을 떠나는
푸른 밤을 볼 때,
나는 가슴속에 한 조각 영원을 지니고
있는 것 같다. 그것이 몸을 흔들고 소리를 치고
높이 올라가려 하며 세계와 더불어 선회하려 한다……
이것이 영혼이다.

* * *

높이 뻗어 자란 전나무들이 겨울의 눈속에서
거칠게 숨쉬고 있다. 그 광채가 한결 부드럽게
모든 가지들을 얼싸안고 있다.
하얀 길들은 잠잠해지고,
정다운 방들은 더욱 포근해진다.

그때 시계가 노래하니, 아이들은 몸을 떤다.
녹색의 난로 속에서 장작이 소리내며
활활 밝게 타는 불 속에서 주저앉는다—
밖에서는 반짝이는 눈송이 속에서
하얀 하루가 영원이 된다.

* * *

저녁이 멀리에서 걸어온다.
눈 덮인 조용한 전나무 숲을 지나서
귀기울이며 겨울의 볼을
창마다 갖다 댄다.

그러면 모든 집들이 조용해진다.
노인들은 안락의자에 앉아 생각에 잠기고,
어머니들은 여왕과 같다.
아이들은 이제 놀이를
계속하려 하지 않는다. 하녀들은 물레 감기를
멈추었다. 저녁이 방안을 엿듣고,
방안 사람들은 밖을 엿듣는다.

* * *

날씨는 회색으로 반짝였다
저녁은 점점 환해지고 소리를 죽인다.
황제가 오려나 보다.
집들마다 불이 켜졌다.
축제인 양 부드럽게
저녁 종소리가 울렸다.

노인들은 하늘을 올려다보고,
아이들은 마음이 풍요롭다.

* * *

태양이 하늘 언덕에서 빛을 잃어간다.
수확이 끝난 밭을 지나
아낙네들은 들판으로 들어간다.
철로지기 집 옆에 희미하게 빛나는
철로가에서 한여름 외로운
해바라기 꽃들이 생각에 잠겨 있다.

* * *

먼지 덮인 장식물로 꾸며진
그대 가련한 낡은 예배당이여—
봄은 그대 곁에서
밝은 교회를 하나 짓고 있다.

추위에 몹시 떠는 여인들이 다리를 절룩거리며
향내 연기 자욱한 그대의 정적 속으로 들어간다.
바깥에선 아이들이 손짓한다
장미꽃들을 향해.

* * *

소녀들이 노래한다

나무의 꽃들이 만발할 때,
소녀들은 모두 누군가를 기다린다.
우리는 눈이 타는 듯 아플 때까지
언제나 바느질만 해야 하니
우리의 노래는 즐거울 수가 없다.
우리는 봄을 너무 두려워한다.
언젠가 어딘가에서 우리가 봄을 찾는다면,
봄은 우리를 다시 알아보지 못하리라.

* * *

둘은 저녁의 정원에서 서로 기대어,
오래도록 어딘가를 엿듣는다.
「그대 손은 하얀 비단과 같네……」
그러자 그녀는 놀란 듯 대답한다,「무슨 말을 그렇게……」

무언가 정원으로 들어왔다,
그런데 울타리문을 여는 소리는 나지 않았다

화단마다 장미들이
그 무엇이 나타났음에 몸을 떨고 있다.

* * *

베스타 여신*의 사신 한 명이
죽어가는 사람에게 미소로서 은총을 베풀어,
그의 이마에서 오욕을 지워주었다.

그리고는 노예처럼 죽음에서 해방된
듬직한 젊은이의 발걸음을
따라가고 싶어했다.

* * *

많은 남작들 사이에 끼어
왕이 말을 타고 사냥을 갔다.
그의 붉은 왕관에는 박혀 있었다,
외로운 루비 보석 하나가.

가벼운 말발굽 소리 속에

---

* 고대 로마 신화에 나오는 화덕의 여신.

멀고 먼 하얀 길이 열렸다.
아무도 구원을 외치는 소리를 듣지 못한 채,
한낮의 더위는 기승을 부리고……

누군가가 왕을 알아보았을까?

저녁에는 까마귀들이 울었다.
그 중 가장 용감한 한 마리가
왕의 머리 위에서 맴돌기 시작했다.
왕의 이마 위에서는 불타고 있었다,
외로운 루비 보석 하나가.

* * *

하얀 고독 속의 하얀 성.
번쩍이는 큰방들에서 살며시 전율이 감돌고 있다.
덩굴은 죽을병에 걸려 담장에 달라붙어 있고,
세상으로 통하는 모든 길에는 눈이 덮여 있다.

그 너머 하늘이 황량하게 널리 펼쳐져 있다.
성이 반짝이고 그리곤 하얀 벽들을 따라
떨리는 손으로 더듬어 나간다……
시계들이 성에서 멈춰 서 있다, 시간은 죽었다.

* * *

어딘가에 궁전들이 있을 것이다.
그 안에는 먼지로 뒤덮인 창들이 있고,
텅 비어 울리는 수많은 큰방들 속에
죽은 날들이 떠올라 들어간다.
형상들이 물결치고, 장롱은 위험을 알린다.
어떤 밝은 불빛도
기이한 고독 속에까지 이르지는 못한다······

거기에서 우리는 잔치를 베풀려 한다—
오로지 동화에서처럼.

* * *

붉은 돌출부로 장식된 성에
저녁 손님으로 초대받았으면 좋겠는데.
창문은 햇빛에 불타고, 골은 내려앉고,
내 하얀 소망들은 손짓을 한다,
광채로 타오르는 성에서.

나는 길게 울리는 반향을 따라 살금살금 다가가서
경계 없이 넓은 정원을 깊숙이 들여다보려 한다.

여자들은 연못가에서 미소 짓고,
초원에서는 공작새들이 화려한 깃을 자랑한다.

* * *

언젠가 그대를 다시 보고 싶구나,
오래된 보리수나무 길이 있는 공원이여,
모든 여인들 가운데 가장 다소곳한 그대와 함께
신성한 작은 연못으로 가고 싶구나.

뽐내는 자태로 은은히 빛나는 백조들이
반짝이는 수면 위에서 소리 없이 미끄러져 간다
연못 깊은 곳에서는 장미꽃들이 솟아오른다
사라져버린 도시의 전설처럼.

우리들만이 정원에 있고,
거기에는 꽃들이 아이들처럼 서 있다
우리는 미소 짓고 귀기울이며 기다린다
하지만 누구를 기다리는지는 묻지 않는다……

* * *

화려하게 빛나는 넓은 들판에서

저녁은 온다, 말없는 신처럼.
검은 말을 갖고 나와라! 그 말을 타고
자색 영롱한 고독 속으로 나가련다,
꿈꾸는 사람이 타는 말의 가벼운 걸음으로.

나는 깊이 숨을 쉰다. 나는 황제가 된다.
나의 빛나는 투갑의 끈을 풀었다,
나뭇가지가 내 이마를 스치며
소리를 낸다. 나직이 나직이
붉은 숲속에서 말발굽 소리와 부르는 소리가 메아리친다.

* * *

귀기울여라, 산비탈에서 두려워하는
고함소리가 들려오지 않는가?
허물어져 가는 수녀원의 담에서
저녁은 더 이상 견디지 못한다.
저녁은 상처 입은 몸을 담장에서 발견한다.
그리고는 힘없는 손으로
원주들이 빽빽하게 들어 있는 그 사이로,
영원한 회랑들 사이에
불을 붙인다.

불이야—

소박한 의상을 입고
저녁이 달아난간다, 불이 꺼져드는 나라로
조용히 노래하며 집으로 돌아가는 농부와 어울려서.

* * *

왕 같은 저녁이 스스로 쇠약하고
지쳤음을 느낀다 그래서 그에게는 이런 일이 일어났다
그는 황금을 젊은 시냇물에게 선물한다
목동의 노래를 따라
인간의 나라로 흘러가는 시냇물에게.

이제 시냇물이 왕자가 된다.
저녁은 몹시 흥분해서 환호하며
상처 입은 대지에게 닥치는 대로
황금을 준다— 그리고는 통나무집들이 있는 곳에서
그는 다시 가난해진다.

* * *

낮이 소리 없이 잠든다—

나는 사람들과 멀리 떨어져 돌아다니고……
이 넓은 곳에서 눈뜨고 있는 건
나와 창백한 별 하나뿐.

밝은 빛으로 짜여진 그의 눈이
밝으면서도 은은하게 빛나며 내 위에서 머물고 있다.
별은 저 위 하늘에서……
고독하다, 여기 있는 나처럼……

여행

베니스

I

생소한 외침. 우리는
까맣고 좁다란 곤돌라를 골라 탄다.
대리석 도시의 기둥들을 따라
가볍게 미끄러져 간다.

조용히. 뱃사공들만이 자기들끼리 이야기할
뿐이다. 가볍게 노 젓는 소리,
성당과 운하에서
낯선 밤이 우리에게 손짓을 한다.

캄캄한 좁은 길은 더 조용해지고,
멀리 성모 마리아 시어 소리가 바람 타고 불어온다—
정말, 나는 죽은 황제,
바람이 나를 지하의 묘지로 이끈다.

II

언제나 내게는 여겨진다,
조용히 운하를 타고 미끄러져 가는 곤돌라가
누군가를 맞이하러 다니는 것이라고.
그러나 오래 기다려야 한다
백성은 헐벗고 병들어
아이들은 마치 고아들과 같다.

오랫동안 왕궁들은 기다린다
왕후들을, 손님들을,
백성은 왕관을 보려 한다.
마르코 광장에 서서
나는 누군가에게 자주 묻고 싶다
멀리에서 벌어지고 있는 잔치에 대해.

III

애야, 노를 저어 가라!
노예가 된 백성이
항구에서 황량한 성곽
주변으로 몰려온다.

왕궁들은
잠을 자지 못한다.
애야, 노를 저어 가라!

피곤한 눈꺼풀을 지닌
대리석 조각의 몸체에서는
얼음처럼 차가운 정적이 깃들이고
광장들은 몸을 떤다.
거미줄처럼 얽인 골목길에서는
천민들이 구걸한다.
애야, 노를 저어 가라!

내게 말해 다오, 그대는 아는지
여기 화려한 왕관을 쓰고
명령을 내렸던, 이제는
죽은 자들에 대해서? 자색의 용포를 입고
그들이 지금 사는 곳이 어디인지를?
— — — — — — — — — —
애야, 노를 저어 가라!

IV

성탑에서 아베 마리아 기도 소리가 바람 타고 불어온다.
아직도 그대는 교회들이 이야기해 주는 소리를 듣는가
그러나 조용한 운하들 가의 왕궁들은
아무것도 이야기해 주지 않는다.

잠자는 왕궁들 이마는
꿈꾸듯 고요한데, 그것을 스쳐
곤돌라가 검은 상념처럼 잔잔히 흔들거리며 지나간다
저녁을 향해.

카사비앙카*

산에 녹슨 첨탑이 있는 작은 성당이
버티고 있음을 안다,
회색 모자를 쓴 수도사들처럼
실측백나무가 그 위로 올라가듯이.

잊혀진 성자들이 거기 제단의 성물함 속에
외로이 살고 있다.
저녁은 텅 빈 창으로
그들에게 왕관을 넣어준다.

* 이탈리아의 티롤 지방 아르코에 있는 농가. 하얀 집이라는 뜻으로, 여기에서는 아르코 근교 로메고 산에 있는 성당을 가리킨다.

보덴 호(湖)*

마을들은 마치 정원 속에 들어 있는 듯.
이상한 모양의 탑들에서
종이 구슬프게 울린다.
호반의 성들은 기다리며
검은 협곡을 통해
고달피 대낮의 호수를 바라다본다.

잔잔히 이는 물결이 희롱하듯 넘실거리고,
황금빛 증기선들이 소리도 없이
햇볕에 비친 물줄기를 가르며 간다.
호반의 목적지들 뒤에서는
수도 없이 많은
은빛 산들이 떠오른다.

---

* 독일, 스위스, 오스트리아의 국경을 이루고 있는 대호수. 라인강이 이 호수를 통해서 흘러내려간다.

콘스탄츠 시

낮은 죽도록 아파한다.
고달피 황금의 잔에서
산의 눈 속에다 포도주를 부어준다.

강가 덤불 위에서 별 하나가
몹시 수줍어한다, 겁을 먹은 노루처럼.
잔잔히 떠는 물결이
저녁 호수를 격자 무늬로 만든다.

발견

살며시 나래를 펴듯이
오후의 대기 속에서 바람이 불 때—
나는 자꾸만 계속 거닐고 싶다.
저녁 노을의 고독을 끌어안고
정원 같은
그리움이 있는 계곡까지.

거기서 나는 그대를 발견할 수 있으리,
망설이며 맨 먼저 염려하는 그대의 마음이
고통스런 바람들을 나와 맺어주리라,
그대는 나를 초록 속으로 깊이 데려간다—
하얀 덩굴꽃이 몰래
먼지 묻은 내 지팡이에서 피어나리라.

* * *

기적이 쌓이고 쌓이는 오월에,
나직한 영혼의 축복이

나뭇가지마다 방울져 떨어질 때,
바깥에서 나는 그대를 만나고 싶다.

자스민이 가느다란 십자가까지
하얀 팔을 뻗쳐
그리스도의 이마에 서린 영원한
아픔을 부드럽게 덮어줄 때.

* * *

나는 단 한 가지 생각에 잠길 수밖에 없었다
옛날 두 그루 검은 잣나무들 사이에서
무르익은 봄이 생각할 수 있다고 여겼던 일을,
그것은 아름다운 그대 앞에 서서
가르마의 어두운 금을 스쳐
대지와도 같은 그대의 얼굴을 꿈꾸었던 때의 일이었다.

외로운 오솔길에서 그대 입술가로부터
미소가 새어나왔다—
아무 소리도 없이. 그것을 알아챈 사람은 거의 아무도
없었다.
꽃핀 나무에서 잎이 하나 바람에 날렸다.
다만 한 사람만이 봄의 축복을 보았을 뿐,

그것을 바라본 사람은 마치 꿈을 꾸는 듯했다.

* * *

그대 두 입술이 말하는 것은 낯설다
그대 머리카락도, 그대 옷도
그대 두 눈이 묻는 것도 낯설다.
우리의 거친 나날로부터도
나직한 물결 하나
그대의 깊은 진기함에까지 이르지는 못한다.

그대는 마치 제단의 텅 빈 함 위에 걸린
저 그림들의 모습들과 같다.
아직도 두 손을 모으고 있다
아직도 옛 화관을 쓰고 있다
아직도 소리 없이 이적(異蹟)을 보살피고 있다—
이미 이적이 없는 지 오래인데도.

* * *

그대는 그리도 낯설고 그리도 창백하다.
가끔 그대 두 볼 위에선
잃어버린 장미의 나라에 대한

속절없는 향수가 불타오를 뿐.

그럴 때면 밝고도 깊은 그대 눈은
온갖 의무와 온갖 근심에서 나와,
그대 두 손이 고요한 개화(開花)를 피울 뿐인
나라로 가고 싶어한다.

* * *

그대는 아는가. 내가 소리 없이
시끄러운 사람들 틈에서 빠져나오려 함을,
처음으로 내가 창백한
별들이 참나무숲 너머에서
꽃피는 것을 알게 되었을 때.

빛 잃은 저녁 목장에서
아무도 가는 일이 거의 없는
길들을 나는 택하리라—
그리고 오로지 한 가지 꿈만을 꾸리라,
그대와 함께 간다는 꿈만을.

* * *

그대 곁에 있으면 편안해진다.
먼 옛날의 일처럼
망설이며 울리는 시계들
내게 와서 사랑스런 이야기를 해다오.
그러나 다만 나직한 목소리로.

어리석은 사람이 하나 저 밖에
어디선가 꽃피는 나무들 사이를 간다.
저녁은 유리창 가에서 엿듣고 있다.
우리 조용히 있자.
아무도 우리가 있는 것을 모르게.

* * *

밤은 주름잡힌 커튼 사이로 몰래
그대의 머리카락에서 잊혀져버린 햇빛을 가져온다.
봐라, 나는 그대 손만 잡고 싶다.
그리고 조용히, 착하게 그리고 평화 가득히.

그때 내 영혼은 자라난다, 그것이 일상을 산산이 부술 때까지.

그러면 영혼은 놀랍게도 넓어진다.
여명이 깃들인 내 영혼의 부둣가에서
영원의 첫 파도들이 죽어간다.

* * *

항상 주기만 하는 그대, 손이여
낯선 행복에서 꽃피어 올라야 하는 그대.
수줍은 자작나무의 떨림과 같이 부드럽게
주는 체험에서 한 가닥
떠는 선율만이 그 속에 남는다.

가냘픈 손목을 지닌 채
말없이 수고하는 두 손,
그 손들은 대사원을 알고 있으리라
그리스도의 성흔에서 어느 백성에게서든지
성스러운 꽃을 피우리라.

* * *

그대는 망상과 고통 속을 헤매어왔다,
가장 어둡기 그지없는 내 나날에서 나왔다,
그리고 다리를 놓았다,

죄와 눈을 너머 나에게로 오는 다리를.

그대는 미소 지으며 나직한 계명을 말하면서 이끌어준다
그리고 황금빛 왕관 같은 머리 위에
그대는 무상한 2월의 눈송이를
봄날의 기꺼운 죽음 속에 실어다준다.

* * *

수없는 기적을 지닌
봄을 그대에게 보여주려 한다.
봄은 숲에만 있는 것,
도시로 오지는 않는다.

멀리 썰렁한 좁은 길에서 온 사람들만이
서로 어울리어 간다
그리고 손이 있는 곳에서 머무른다—
그들은 언젠가 봄을 볼 수 있다.

* * *

그러나 이 봄은 그대를 더 창백하게 한다
그대의 발은 넓은 초원에 들어가려 한다

그대 노래는 나직하고, 그대의 말은 더욱 부드러워진다
그대 두 손은 더 풍요로워진다
손짓이 있을 때마다, 인사가 있을 때마다.

그대는 눅진한 냄새 나는 옷장 서랍에서
그대의 첫 영성체 때 입은 옷을 자랑스레 꺼내어
그것을 입고 거친 오솔길로 간다
그리고는 그대의 영혼을 꽃피우게 해주는
큰 은총을 받기 위해 몸을 꾸민다.

* * *

나는 생각한다, 그대에게 멀리 저녁으로부터
초야에 신부에게 주는 꽃다발을 갖다 주어야 된다고.
황금의 시간 속으로 나아간다
그때 마지막 집에서는 창들이 번쩍거리고,
그 안에서는 아이들이 놀이를 하며 노래 부른다.

외딴 집을 지나간다
거기에는 노래하는 아이들이 살고 있다
나의 방랑은 오월에 더욱더 잦아지고,
나는 돌아올 수 없다— 그리고 꽃들이여, 용서해 다오
나는 꽃들을 모두 엮어 왕관을 만든다.

* * *

그대는 그렇게 피로한가? 나는 이 소음에서 말없이
그대를 이끌어내려 한다, 나까지 진력나게 하는 소음에서.
우리는 이 시간의 억압 속에서 상처를 입는다.
봐라, 우리가 몸서리치며 걸어가는 숲 뒤에서
환한 성(城)처럼 저녁이 벌써 기다리고 있는 것을.

나와 함께 가자, 아침이 모르게,
집안의 어떤 빛도 그대의 아름다움을 엿보지 못하게……
그대의 향기는 봄처럼 입맞춤을 통해 간다.
낮은 내 모든 꿈을 깨어버렸다—
그대여, 거기에서 다시 화환을 엮어라.

* * *

그대,
심한 파도가 몰아치는 저녁 바닷가에,
빛 바랜 지도 같은 저녁 바닷가에 성이 하나—
둥근 기둥들이 숭고한 모습으로 서 있는 큰방들에서
고관대작들이 기다리고 있다
우리에게 영광을 베풀기 위해.

왜냐하면 우리 둘이 집으로 돌아오기에—
왕관도 없이
빈손으로—
하지만 젊은 나이에.

* * *

심홍색 장미를 엮어
내 탁자를 꾸미고 싶어라
그리고는 보리수나무 아래 넋을 잃고서,
어딘가 소녀 하나를 찾고 싶어라.
현명하고 꿈꾸기 좋아하는 금발의 소녀를.

어린아이 앞에 무릎 꿇고
그 두 손을 잡고 싶어라.
그리움으로 파리해진 내 입에
바로 봄인 입술로
입맞추게 하고 싶어라.

* * *

손에 손을 잡고
차가운 입술에 긴 입맞춤을 한 후,

초원에 하얗게 빛나는 길을
우리 함께 걸어다니고 싶어라.

살며시 하얀 꽃비 내리고
낮은 우리에게 첫번째의 입맞춤을 보내리—
우리는 넓은 들판을 지나올
신을 향해 가는 것만 같네.

* * *

그대는 한 사람의 시동을 뽑으려 하시나요?
여왕이여, 나를 뽑아주소서.
내게는 오네, 옛날 모험담에서
현악기로 연주되는 뜻있는 노래가.

나는 나 자신이 왕으로 사는
하얀 성으로 그대를 이끌고 들어가—
내 하얀 여왕을 위해
숱한 문들이 있는 큰방에서 노래를 부르리라.

* * *

저녁이 나를 지치게 했네,

내 마음속에는 귀뚜라미와 함께
작은 소망들이 날카롭게 울고 있네.

빛 잃은 대지가 평지로 뻗어 있는 곳,
거기 화려하게 핀 붉은 장미밭 뒤에
하얀 별장들이 가득히 서 있네.

봄밤의 고요한 강가에
하얀 별장들이 서 있네,
말없이 지키고 있는 것처럼.

* * *

왜 그대들은 어지러운 빛의 소용돌이 속에서
내 창백하고 푸른 시간들로부터 나를
끌어내려 하는가?
더 이상 그대들의 미친 짓을 지켜보고 싶지 않다.
나는 병실에 있는 아이처럼 외로이,
몰래 미소 지으며, 가만히,
가만히 — 낮과 꿈을 쌓아 올리려 한다.

* * *

그대의 파리하고 두려움에 찬 모습을 보았을 때
내 마음은 아팠네.
꿈속의 일이었지. 그때 그대의 영혼이 아름답게 울렸네.

아주 나직이 내 영혼도 함께 울리고,
두 영혼이 서로 합창을 했네. 나는 괴로웠지.

그때 내 마음속 깊이 평화가 깃들였네. 나는
꿈과 낮 사이 은빛 하늘 속에 누워 있었네.

* * *

내 꿈들이 얼마나 그대를 찾아 외치고 있는가.
우리는 서로 애써 남처럼 되었구나
이제 그것이 내 영혼을 죽이려 한다,
이 가련한 두려움에 떠는 외로움이.

돛을 부풀게 하는 희망은 없다.
다만 넓고도 하얀 정적이 있을 뿐,
숨막히는 두려움을 안고 나의 무기력한 의지가
귀기울이는 정적뿐.

* * *

그대는 아름다웠다. 그대의 눈에서는
밤과 태양이 승리자처럼 서로 화해하는 듯.
고귀함이 부드러운 털외투처럼 그대의 몸을
휘감았다. 그렇게 내 사랑이 그대를 왕좌에 올려주러 왔다.
그리고 밤처럼 창백한 내 그리움이 서 있었다
베스타 여신의 여사제처럼 그대 영혼의
사원 원주가에 하얗게 묶인 채,
미소 지으며 하얀 꽃들을 뿌렸다.

* * *

애야, 네 눈이 크기도 하구나.
너는 틀림없이 밤에 형상들을 자주 보리라
차가운 대리석 같은 꿈의 손으로 붉은 왕관을
들고 있는 낯설고 파리한 형상들을,
왕관을 둘러싸고 불빛이 소리 없이 흘러내린다.
그리고는 낮엔 너의 눈길 장님과 같고
너의 영혼은 마구 갈라진 것 같다
그러면 다른 사람에게는 망상에 불과한
소망들이 네 속에서 피어날 때,
일상 생활에 대해 두려워한다.

그러면 동경이 네게 깨어난다
허영심 많고 호언장담하는 인간들에게서 자랑스레 도망가기 위해,
이들은 둔한 두 손으로 바보처럼 육중하게 소리를 내며
너의 은빛 영혼에서 악기를 켠다
인생을 유한하게 하는 노래, 사람을 홀리는 노래를.
그리고 푸른 밤 속으로 도망가기 위해,
나무 우듬지들마다 살랑거리며 즐거워하는 밤.
찬가들의 베일을 벗기기 위해,
그리고 수줍게 하얀 연못의 품속에서
송두리째 드러난 화려함을 찾아내기 위해.

* * *

밝은 햇볕 드는 안뜰을 너는 들여다보고
말없이 답답한 방에서 놀았다.
아무도 이해하지 못하는 슬픔이
네 어린 시절의 창백한 꿈에 깃들여 있었다.

너는 힘든 날들을 보냈지.
어머니는 병이 드셨고, 아버지는 무정하셨다.
가끔 장애인 한 사람이 와서 현금을 켰고—
그러면 너는 귀기울이고 크게 소리내어 울었다.

이제 너에게 여름이 무슨 소용이 있겠는가?
수줍게 파닥이는 날개처럼, 고달프게
향수에 젖은 너의 눈들은
햇빛 밝은 날에 갈 곳 몰라 헤맨다.

* * *

낳기를 원치 않았던 아이, 어머니의
밤기도에서도 쫓겨났다.
시간을 가리지 않고 베풀며 가는
저 위대한 것으로부터도 영원히 멀어졌다.

소녀는 바라는 게 거의 없었다— 간혹
울음 같은 것이 그녀를 엄습했을 뿐,
자줏빛 하늘이 있는 나라,
낯선 선율을 그리는 울음 같은 것이,

먼지가 쌓이지 않는 하얀 길을 그리워하는 울음이—
그러다가 소녀는 장미를 머리에 꽂았다
봄이 한창이었는데도
사랑을 믿을 수는 없었다.

* * *

내 너의 눈속을 진지하게 들여다보았을 때,
너의 말은 종종 근심에 병들어 있는 것처럼 들렸다,
옛날에 명인이 외롭게
그의 영혼이 그리움을 노래했을 때 지은
칠현금이 내는 나직한 사랑의 노래처럼.

그때부터 소녀는 가벼운 노래들을 배웠다
낮에 즐겨 부르고 춤출 때도 즐겨 불렀다—
그러자 한 몽상가가 그녀의 팔을 잡았고
소녀는 꿈에서 깨어난 듯 다시
고향에 대한 향수에 눈물 지었다.

* * *

그래, 옛날에 내 너를 생각했을 때,
그것은 얼마나 놀라운 일이었는지. 오월이 후광 속에
네 주위에서 눈을 떴다.
내 그리움은 살며시
네 이마에 얹힌 화관을 꿈꾸었다.

지금 나는 너를 본다. 너는 가을이 깃들은

숲들의 마음속에 눈물을 가라앉힌다.
그러면 네 곁에서 길을 따라
파리한 이정표에
상처입은 일몰이 새어든다.

* * *

대지를 지나갔다, 슬픈 대지를.
텅 빈 요람 위에 띠가 하나 놓여 있듯
파리한 강물이 평평한 모래사장 위에 놓여 있다.
그 너머에서는 젖은 안개의 옷에서
버드나무가 죽은 손을 내밀었다.

나는 몹시 슬펐다. 한 곳을 바라다보며 서 있었다.
길가에 웅크리고 앉아 있는 너를 보았다
옛날에는 너도 알고 행복도 알았었는데.
너는 걷잡을 수 없이 오로지 울기만 했다,
나는 네게 물었다, 여기가 네 고향이냐?라고

너는 꿈에 홀린 듯 고개를 끄덕이고 또 끄덕였다……
나는 네 이름을 옛날처럼 다시 불렀다,
하지만 네 모습은 내게서 흘러내려 내게서 사라졌다.
포플러 나무들은 저녁의 불꽃 속에서 타서 숯이 되었다,

죽음은 붉게 네 고향땅을 지나갔다.

* * *

그대는 아는가, 피곤한 내가 바람결에 살랑이는 그대 머리에
장미를 엮어주었던 일을—
그대는 달을 보는가, 마치 순은으로 된 동전 같은
달을, 그림이 하나 새겨져 있는 동전처럼.
미소 지으며 검은 가시를 이고 있는 여인의 모습이—
그것은 죽은 사랑의 밤의 표지이다.

그대는 이마 위에서 장미가 죽어감을 느끼는가?
장미 송이마다 떨면서 자매를 놓아준다,
장미 송이마다 홀로 시들어 죽어가야 한다,
모두 그대 품속에 빛을 잃고 떨어진다.
거기서 그것들은 죽는다. 그 고통은 조용하면서 위대했다.
밤속으로 나오라. 우리는 장미를 이을 후손들이다.

* * *

그대는 옛 노래들을 아직 연주할 수 있는가?

연주해라, 내 사랑아. 그것들은 내 고통을 통해 불어간다,
마치 은빛 뱃머리를 한 배들이
몰래 섬을 향해 항해한 후
조용한 저녁 바다에 떠 있듯.

이제 배들은 꽃이 핀 해안가에 닿는다.
거기서는 봄이 아직 이르다.
거기 외로운 오솔길가에서
나의 고달픈 추억은
은총을 기다리며 잊혀진 신들을 찾아낸다.

* * *

그대 손으로 늘 가꾸었던
높다란 유리꽃병에 꽂힌 백합들은 어디에 있는가?
이미 죽었는가?
온전한 봄처럼 화사하게 빛나던
그대 볼에 서렸던 기쁨은 어디로 갔는가―
불처럼 꺼졌는가?
마돈나의 광채처럼 환히 그대 머리를 휘감던
그리도 크고 순수했던 우리의 행복은
어디에 있는가?
그것도 죽었다. 오늘 우리는 행복의 죽음이 슬퍼 울고

있다.
　내일은 찬 서리가 우리 방으로 밀쳐 오리라—
　그리고 나면?

어머니들

나는 자주 어머니 한 분을 그리워하네,
하얀 가르마가 있는 조용한 여성을.
그 사랑 속에서 비로소 내 자아가 꽃피리
그녀라면 내 영혼 속에 얼음처럼 스며든
저 격렬한 증오를 몰아낼 수 있을 텐데.

그러면 우리는 서로 바싹 붙어 앉게 되리,
벽난로에서 불이 조용히 타오르네.
내 사랑하는 어머니 입에서 나오는 말씀에 귀기울이리.
그러면 전등 주변을 나는 한 마리 나방처럼
찻주전자 위에 평화가 떠돌게 되리.

* * *

여쭈어봐야 할 것 같은 느낌이 자주 들었다.
어머니시여, 창백한 금발의 당신 아들 볼에
졸음이 따뜻이 입맞춤하기 전에
당신은 무슨 노래를 불러주셨던가요?

그 무렵 당신께서는 너무도 많은 원한에 사무쳐 계셨겠지요?
창백한 금발의 당신 아들이
깊은 꿈속에서 울음을 터뜨렸을 때
당신께서 벌떡 일어나셨던 일을 기억하시나요?

* * *

나는 빨간 나뭇가지 아래 걸어가며
때늦은 화환을 찾습니다.
행복에 겨워 어찌할 줄을 모릅니다.
내게는 모든 게 그리도 새롭고, 그리도 귀하지만
내 사랑은 지쳐서 집에 있습니다.

이제야 나의 소녀에게는 허영이 생겼습니다.
코르셋을 더 졸라 입기 시작한 후부터,
소녀에게 기적이 일어난 후부터.
그리고는 머지않아 갈색의 머리 가르마가 넓어지고
앉아서 자장가를 부르게 되겠지요.

* * *

보리수나무들에서

첫 꽃바람이 살며시 불어온다.
그러면 나는 꿈속에서 대담하게
초록 나뭇잎 빛의 옷을 입은 그대를 본다,
처음 어머니가 되어 애를 쓰며
아이의 셔츠 솔기를 깁고 있는 그대를.

그대가 그때 짤막한 노래를 부르니,
그 노래 오월 속에 울려 들어간다.

    피어라, 피어라, 꽃나무야,
    정든 정원 깊숙이
    피어라, 피어라, 꽃나무야,
    내 그리움의 가장 아름다운 꿈
    나는 여기서 기다리련다.
    피어라, 피어라, 꽃나무야,
    여름이 그대에게 보상해 줄 거야.
    피어라, 피어라, 꽃나무야.
    보아라, 솔기를 바느질하고 있어
    여기서 햇살로.

    피어라, 피어라, 꽃나무야,
    곧 익어갈 거야.
    피어라, 피어라, 꽃나무야.

내 그리움의 가장 아름다운 꿈,
그것을 알도록 가르쳐다오.

그대가 그때 짤막한 노래를 부르니,
그 노래는 오월로 넘쳐흐른다.

꽃나무는 꽃을 피우리라,
모든 다른 나무들에 앞서 피우리라,
그대의 옷 가장자리가 햇볕에 작열하리라.
그리고 초록 나뭇잎 빛으로 순수해진
그대 젊은 어머니는 애를 쓰며
아이의 셔츠 솔기를 기우리라.

* * *

고통과 근심이 그대 마음을 어지럽게 할 때—
이제 사람들이 그대에게 수치가 무언지 이야기해 준다.
오, 미소 지어라, 여자여! 그대를 신성하게 해줄
기적의 언저리에 와 서 있으니.

그대 마음이 수줍게 부풀어오름을 점점 느낄 때,
그대 몸과 영혼은 넓어지리라—
오, 기도하라, 여자여! 이것이

영원의 물결인 것을.

* * *

금발 소년이 노래한다

어머니, 왜 우세요? 장롱이 텅 비어서
그러시나요? ― 마음 가다듬으세요!
나는 금발의 왕자이고,
당신은 귀한 혈통을 지니신 분이에요.

어머니께서는 모르시지만 나는 보았는걸요 ―
당신께서 종종 그렇게 늦게까지
희미한 아침의 불빛 아래에서
왕의 옷을 깁고 계셨던 것을.

그러니 어머니께서는 여왕이시지요,
두려워하지도 주저하지도 마세요 ―
내가 자라서
왕이 되는 날까지.

* * *

어머니

「사랑스런 애야, 나를 불렀니?」
바람 속에서 들려온 말이었다—

「애야, 너에게까지 가는데
얼마나 험한 계단들이 많이 남아 있느냐?」
그러자 당신의 목소리는 별들을 찾았지만
딸은 찾지 못했다.

깊은 계곡 술집에서
마지막 불빛이 꺼졌다.

* * *

가끔 그녀는 느낀다. 삶은 위대하다고
세차게 흘러가는 강들보다 더 거세고,
나무들을 흔드는 폭풍우보다 더 세차다고.
그녀는 시간을 조용히 놓아주고
자신의 영혼을 꿈에게 선사한다.

그리고는 깨어난다. 그때 별 하나
조용한 대지 위에 고요히 뜨고,
그녀의 집은 모두 하얀 벽들로 되어 있다—
그러자 그녀는 깨닫는다, 삶은 낯설고 먼 것임을—
그리고는 늙어가는 두 손을 모은다.

Rainer Maria
Rilke

초기시집
『나의 축제를 위하여』

서시

동경이란 파도 속에 살고
시간 속에서 고향이 없는 것.
소망이란 나날의 시간이
영원과 나누는 소리 없는 대화.

그런데 이것이 인생. 어제에서
모든 시간 중 가장 고독한 시간이 솟아오를 때까지,
다른 누이들과는 달리 미소 지으며,
영원을 향해 침묵하는 시간이.

* * *

나는 이토록 젊기에, 내게 들려오는 모든 음향에
전율하며 흠뻑 빠져들고 싶다.
그리고 바람의 사랑스런 강압에 이끌리어,
마치 정원의 길 위에서 엮여 올라가는 덩굴처럼,
흔연히 내 동경은 스스로의 덩굴을 흔들려고 한다.

내 가슴이 넓어지는 것처럼 느끼는 한,
무슨 갑옷이건 나는 그것을 입고 뽐내리라.
왜냐하면 하루가 이른 아침 해안의 차가운 기운에서
나를 육지로 이끌어줄 때,
그것은 여행을 위한 채비를 할 시간이기에.

* * *

나는 정원이고 싶다, 그 샘가에
많은 꿈들이 새 꽃들을 가져오면 좋으련만.
따로 골라낸 어떤 꽃들은 햇빛을 잃어가고
말없는 대화 속에서 하나가 된다.

그들이 걸어가는 곳에, 그 머리 위로
나는 말과 나무 우듬지로써 살랑거리고 싶다.
그들이 쉬고 있는 곳에서, 나는 내 침묵으로써
꿈꾸는 자들의 잠 속에 귀를 기울이고 싶다.

* * *

나는 소란한 인생을 찾지 않으런다,
낯선 날들에 대해 아무에게도 묻지 않으런다.
냉기 속에서 목을 쳐드는

하얀 꽃을 내가 들고 있는 것처럼 느껴진다.

봄의 대지에선 많은 것들이 솟아나오고
그곳에서 뿌리들은 깊은 물을 마시고 있다,
이제 다시는 그들을 축복해 주지 않을 여름 앞에
무릎을 꿇을 필요가 없도록.

* * *

내 구슬피 왕위에 오르는 낮이 있다.
내 무릎을 꿇게 하는 밤이 있다.
그때면 기도한다, 어느 땐가
내 왕관을 머리에서 벗을 수 있기를.

오래도록 나는 그 무게를 감수해야 한다.
대가로 한 번만이라도
왕관의 푸르른 터키 구슬이며, 마름모 보석과 루비의
눈속을 떨면서 들여다볼 수 없을까?

아마도 이미 먼 옛날에 그 보석의 빛이 바랜지도 모른다.
내 손님인 원망이 내게서 그것을 훔쳐갔을지도,
아마도 내가 받은 왕관 속엔 보석이
하나도 없었던 것인지도?······

* * *

은빛 나래를 지닌 하얀 영혼들,
한 번도 노래부른 일 없는 아이들의 영혼들이—
소리 없이 점점 더 큰 원을 그리며
스스로 두려워하는 삶에 다가간다.

바깥의 소리들이 그대들을 깨우면
그대들의 꿈을 실망시키지는 않으리라—
그런데 그대들은 숱한 낮의 소음들로부터
그대들 노래의 웃음을 풀어낼 수는 없는 것일까?

* * *

나는 낮과 꿈 사이에 살고 있다.
아이들이 열심히 쫓아다니다가 졸고 있는 곳,
노인네들이 저녁 식탁에 자리잡는 곳,
화덕이 훨훨 타며 공간을 밝혀주는 그곳에.

나는 낮과 꿈 사이에 살고 있다.
저녁 종소리가 맑게 울리다 사라지는 곳,
사라지는 종소리에 사로잡혀 소녀들이
고달피 샘가에 기대 서 있는 그곳에,

보리수는 내가 좋아하는 나무.
보리수 속에서 침묵하는 모든 여름이
다시금 수천 개의 가지에서 움직이기 시작하고
낮과 꿈 사이에서 다시금 깨어난다.

* * *

언젠가 나는 잣나무들의 여명 속에서
나의 어두운 옷을 어깨와 무릎에서 벗긴다,
마치 거짓말처럼.
그리고는 파리하게 발가벗은 태양 속에 들어가서
나의 바다에게 보여준다, 내가 젊다는 것을.

그러면 부서지는 파도는 물결이
장엄하게 내게 마련해 주는 영접과 같다,
물결마다 엎치락 뒤치락 떨면서 밀려온다—
그런데 어찌 나 혼자만이 그것을 맞이하러 가야 할까,
두려워진다……
밝게 몰려오는 파도들이 내게
바람을 엮어줌을.
이제 바람이 불기 시작하면,
그것은 다시 내 팔을 들어올리리니—

* * *

우리 모두 노래했던 그대,
그대 단 한 분이신 진정한 예수님,
어린이 왕이신 그대—
나는 혼자이다. 내 모든 것은
그대를 향해 가버렸으니

그대 오월이여, 그대의 얼굴 표정 앞에서
넓게 팔을 펴고 있는 나를 보아라.
그대의 불만, 그대 망설임의 시간,
용기와 피로, 모든 것은
그 속에서 자리를 갖고 있으니……

* * *

그대 깨어 있는 숲이여, 아파하는 겨울의 한가운데에
봄이 오는 것을 감히 느꼈구나.
말없이 그대의 둥근 은화를 만드는구나,
그대의 그리움이 어떻게 녹색으로 피어나는지 내가 보도록.

그런데 그대의 길들이 나를 어떻게 이끌어갈 것인지,
어디에서 올지 어디로 갈지 나는 모른다.

알고 있는 것은 그대의 심연 앞에 문들이 있었다는 것
뿐—
이제는 그 문들은 없다.

* * *

그대는 삶을 이해할 필요가 없다,
그러면 그것은 축제처럼 되리라.
그대에게 매일 일이 일어나도록 하여라,
마치 아이가 커가면서
바람이 불 때마다
수많은 꽃들을 선물로 받는 것처럼.

그 꽃들을 모아 간직하는 것,
그런 생각이 아이에게는 떠오르지 않는다.
아이는 꽃들을 살며시 머리에서 떼어낸다,
꽃들이 기꺼이 사로잡혀 있었던 머리에서,
새로운 나날들이 지나간 후, 아이는
사랑하던 어린 시절에게 두 손을 내민다.

* * *

나는 온전한 비밀처럼 되고 싶다.

이마 위에서 생각은 떨쳐버리고,
그리움만을 시에 담아 바치고 싶다,
시선을 던질 때마다 나직한 싹을,
내 침묵으로 전율만을 선사하고 싶다.

더 이상 비밀을 밝히지 않고 방안에 틀어박혀
외롭게 살고 싶다, 온전한 것들은 그렇게 하기에.
햇볕 창살에 찔려 넘어지는 것처럼
소란한 군중이 깊이 무릎을 꿇고 주저앉을 때에만 비로소,
마음들은 성체현시대(聖體顯示臺) 같은 마음들이 그들을 가슴에서
들어올려 이로써 축복한다.

* * *

그대 깊고 깊은 내 삶이여
귀기울임과 놀라움에 가득 차 있는 가운데서,
조용하여라, 그리고 자작나무들이 흔들리기 전에
바람이 그대에게 무엇을 바라는지를 알아라.

언젠가 침묵이 그대에게 이야기할 때,
그대의 감각들을 이겨내라.
숨결마다 그대를 바치고 순종하라,

바람은 그대를 사랑하고 얼러주리라.

그리고 내 영혼은 넓고 넓어질지어다,
그대의 삶이 성공하도록,
마치 축제 때의 의상처럼 그대를
생각하는 것들 위에 넓게 펼쳐라.

* * *

그대 심연에서 물결치는 꿈들,
어두움에서 그것들을 해방시켜라.
그것들은 분수와도 같이, 더욱더 밝게
잠시 노래를 쉬는 사이에
수반의 품속으로 떨어진다.

이제 나는 안다. 아이들이 어떻게 될 것인지를.
두려움은 모두 시작에 불과하지만,
대지는 끝이 없다,
불안은 그저 몸짓일 뿐,
그리움이 그 몸짓의 의미이다—

천사의 노래

나는 내 천사를 오래도록 놓아주지 않았다.
천사는 내 팔에 안겨 가난해지고
작아졌는데, 나는 커졌다.
갑자기 내가 베푸는 사람이 되자
그는 떨면서 서 있는 구걸자가 되었다.

나는 천사에게 그의 하늘을 주었는데—
그는 내게 가까움을 남겨주고 사라져버렸다.
그는 떠 있는 걸 배웠고, 나는 삶을 배워
서서히 우리는 서로를 알게 되었다……

* * *

내 천사가 나를 더 이상 지켜보지 않은 후부터
천사는 자유로이 날개를 펼 수 있고
별들의 고요를 갈라놓을 수도 있다—
천사는 내 고독한 밤의
두려움에 떠는 두 손을 더 이상 잡아줄 필요가 없기에—

내 천사가 나를 더 이상 지켜보지 않게 된 후부터는.

* * *

내 고된 날이 그를 쫓아낸 다음부터,
내 천사는 이제 할 일이 더 없다.
그는 자주 그리워하며 얼굴을 내게 떨구고
이제 더 이상 하늘을 좋아하지는 않는다.

천사가 다시 가난한 날들로부터
살랑이며 설레는 숲들을 너머
내 빛 바랜 기도를 케루빔의
고향에 가져다주기를.

천사는 그곳으로 어린 시절 내 울음과
감사를 실어다주었고 내 작은 고뇌가
그곳에서 숲으로 자라났다.
그 머리 위에서 속삭이는 숲으로……

* * *

언젠가 내가 사는 땅에서,
시장과 박람회의 소음 속에서―

어린 시절에 피어났던 창백한,
내 엄숙한 천사를 잊는다면—
그의 자비와 의상,
기도하는 두 손, 축복하는 손을,—
내 가장 은밀한 꿈속에서 나는 항상
그가 펼친 날개를 기억하리,
하얀 실측백나무처럼 그의 뒤에
내려와 있는 날개를.

* * *

천사의 두 손은 마치 눈먼 새들과
같았다, 다른 새들이 큰 파도를 넘어
지속되는 봄을 찾아 날아갔을 때,
태양을 도적 맞고
나뭇잎 떨어진 앙상한 보리수에서
겨울 바람을 막아내야 하는 새들처럼.

천사의 볼에는 신부들의 수줍음이
서려 있었다. 영혼의 놀라움을 넘어
짙은 자색 이불을
신랑에게 펴주는 신부들의 수줍음이.

두 눈에는 첫날의 광채가—
서려 있었다,
그러나 무엇보다도 돋보인 것은
실어다주는 한 쌍의 날개였다……

* * *

수많은 마돈나상 주위에는
영원한 천사 시동들이 수없이 많다.
신이 일을 시작하는 곳, 정원에서
기약과 고향을 지닌 시동들이.
그들은 모두 서열에 따라 우뚝 서 있고,
황금의 바이올린을 들고 있다.
그 중에서 제일 아름다운 시동들은 영원히 침묵해서는
안 된다.
그들의 영혼들은 노래로 되어 있기에.
끊임없이 그들은 모두
짙은 빛 산호를 울려야 한다,
그들은 수천 번 울렸다.
신이 빛으로부터 내려오시자
그대는 그가 동경하는 가장 아름다운
그릇이 되었다, 마돈나 마리아여.

하지만 황혼이 되면 자주
어머니께서 피곤하고 더욱더 피곤해지신다—
그러면 천사의 형제들이 속삭이고
환호성을 올려 어머니를 다시 젊게 해준다.
천사의 형제들은 하얀 날개로서
홀들이 있는 뜰에서 엄숙하게 신호를 보낸다.
그리고 뜨거운 가슴에서
시의 한 연을 높이 추켜올린다,
아름답게 죽어가는 자는 누구나
아름답게 부활하리라.

기도

흑단 나무로 만들어진 엄숙한 천사,
그대 무한한 안식.
그대의 침묵은 불 속에 손을 넣고
속죄하는 자의 열기 속에서도
녹아버린 일은 없습니다.
수많은 속죄자들의 하소연을 듣는 그대여!
그대에게 기도하는 자들은
긍지가 높습니다, 마치 그대처럼.

경계석을 세우는 그대여,
시선들 위에서 시작하는
왕이시여, 선택하소서.
그대를 자비롭게
여기는
종족을 선정하소서,
경계를 생각하시는
거인이시여.

그대, 모든 초원에
두려움을 불어넣으시는 분이시여,
그대보다 위대한 것이 하나 있으니,
그것은 바로 그대 그림자입니다.

* * *

숲 위에서 귀기울이는 구름이시여.
우리가 그것을 사랑하는 걸 어떻게 배웠는지,
얼마나 놀랍게도 금방 구름이 비를 뿌려
꿈꾸는 곡식들을 깨우는지를
우리가 안 다음부터.

* * *

나는 예감합니다. 저녁의 침묵 속에는
옛날 제물을 바치던 시절의 풍속이 깃들여 있는 것을.
호흡할 때마다 더 깊이 숨을 쉬어야 한다는 것을.

한 가닥 충족이 내려오려 합니다.

무릎 꿇은 검은 수풀로.
그러면 별들은 서로 헤어져 솟아오르고,

어두움 또한 솟아오릅니다.

* * *

그대가 바깥의 성벽을 따라가면
낯선 정원 길에서
그 많은 장미꽃들을 볼 수는 없습니다.
하지만 그대의 깊은 신뢰 가운데서
다가오는 여인들처럼 그대는 그것을 느낄 수 있습니다.

장미들은 꼭 둘씩 짝지어 거닐 것입니다
서로 허리를 끌어안고—
붉은 장미들만이 노래할 뿐,
하얀 장미들은 향기를 지니고
가만히가만히 그 사이에 끼여듭니다……

* * *

언덕 위에 작은 교회를 지었습니다.
그대는 그 교회로 올라가야 합니다.
이 가난한 마을은 교회에 정이 들고
교회는 마을을 지키면서 그 침묵을 바라봅니다.

그러나 봄이 오면 더 높은 교회를 지을 수 있습니다,
하얀 신부처럼 환히 미소 짓는 교회를.
이제 더 이상 그 통나무집들을 바라보지 않고
봄만을 쳐다보고 종소리도 이제 크게 울리지는 않습니다……

* * *

이것이 내가 믿는 정원들이다.
화단에 꽃이 시들어 가면,
빛을 잃는 나뭇잎들 아래 자갈밭에서
보리수나무 사이로 침묵이 걸러져 방울방울 흘러내려 간다.

연못에서는 반짝반짝 원을 그으며
백조 한 마리가 끝에서 끝으로 헤엄쳐 간다.
백조는 희미하게 빛나는 날개 위에
달의 첫 온화한 빛을 실어다준다,
이미 잘 보이지 않는 기슭으로.

* * *

첫 장미들이 깨어나

그 향기 은은하다.
나직한 웃음처럼.
제비처럼 얇은 날개로
잠시 하루를 스쳐 지나간다.

그대 가는 곳
어디이건 모든 것은 여전히 두려움만이 있다.

희미한 불빛마다 수줍어하고,
들리는 소리마다 아직 부드럽지 못하다.
밤은 너무 새롭고
아름다움은 수줍다.

* * *

가끔 깊은 밤에 일어난다,
아이처럼 바람이 눈뜨는 일이.
바람은 가로수길을 혼자서 걸어
조용조용 마을로 들어온다.

그리고는 연못까지 더듬어 가서는
사방에 귀를 기울인다.
집들은 모두 생기를 잃고

참나무들은 말이 없다……

* * *

다시 달밤이 오면, 대도시에 대한
슬픔을 잊으련다.
우리를 금단의 정원과 가르는
쇠울타리로 가서 거기에 몸을 기대서련다.

낮에 어린이들, 밝은 색 옷들, 여름 모자들이 있던
정원을 보았던 사람이 이제 그것을 다시 알아보겠는가,
누가 이런 정원을 알까, 꽃들만이 더불어 외롭게 남은 정원을,
텅 빈 연못, 누워 잠 못 드는 정원을.

어둠 속에 말없이 서 있는 형상들이
조용히 몸을 일으키는 것 같다,
가로수 길 입구에 있는 밝은 빛 형상들은
더욱더 돌로 굳어지고, 더욱더 말이 없다.
길들은 나란히 한 곳을 향한다
말없이 풀어진 머리처럼.
달은 초원을 향해 간다.
꽃향기는 눈물처럼 흘러내리고

흘러내리다 멎은 분수 위에는
밤의 공기 속에 솟아오르던 물줄기의
차가운 흔적만이 남아 있다.

소녀들의 모습

언젠가 그대 나를 찾아냈을 때
나는 어렸다. 너무도 어렸다.
보리수 나뭇가지처럼
그저 잠잠히 그대 속에 깃들여 꽃을 피웠다.

너무도 어려서 나는 이름도 없이
그리워하며 살았다.
이름 붙이기에는 너무도 컸다고.
그대가 내게 말하기까지는

나는 느낀다.
전설과 오월과 바다와 내 하나인 것을.
마치 포도 향기처럼
그대 영혼에 짙게 깃들여 있음을……

* * *

강에 나룻배들이 많이 오고 간다,

나룻배 하나가 그를 안전하게 건네준다.
하지만 나는 그에게 입맞출 수 없다,
그러니 그는 그냥 지나가리라―

바깥은 오월이었다.

옛날 우리의 장롱 위에
촛불 두 개가 켜져 있었다.
어머니께서는 죽음과 대화를 하셨는데
그때 목소리는 두 갈래로 갈라졌다.

어린아이로서 정적 속에 서 있었을 때,
나는 낯선 나라에 가기에는 너무 어렸다.
어머니가 두렵게 보셨던 낯선 나라는
내 침대의 가장자리를 넘지 못했고,
내게 축복을 내려준
어머니의 창백한 손만을 보았다.
하지만 망상에 상처 입은 아버지는
어머니의 입에서 나를 확 떼어내고
내게서 축복을 앗아갔다.

* * *

나는 고아. 아무도
나를 위해 이야기를 들려주진 않았다,
아이들을 북돋아주고 안정시켜 주는
그런 이야기를.

어디서 갑자기 그것이 내게 오는 걸까?
누가 그것을 내게 알려주었을까?
그로서는 내가 안다고 생각한다. 모든 전설과
바닷가에서 들려주는 이야기를.

* * *

나는 꿈을 많이 꾸는 아이였다,
아직 오월은 내게 찾아오지 않았다.
그때 한 사나이가 현악기를 들고
우리집 마당 옆을 지나갔고
그때 나는 두려운 듯 쳐다보았다.
「오 어머니, 나를 자유롭게 놓아주소서……」
　　그가 뜯는 칠현금의 첫 마디 음(音)에
　　나의 무언가가 두 조각으로 갈라졌다.

그의 노래가 시작되기도 전에 나는 알았다.
그것이 내 인생이 되리라는 것을.
노래하지 말아요, 노래하지 마, 그대 낯선 사람이여,
그것이 내 인생이 되리니.

그대는 내 행복과 어려움을 노래하고
내 노래를 그대가 부르는데,
그대는 내 운명을 노래한다, 너무도 일찍이.
꽃피고 또 꽃피는 내가 인생을 더 이상 살 수 없도록.

그가 노래했다. 그리고는 발걸음 소리가 사라졌다―
그는 떠나야 했다.
그는 내가 한번도 겪지 않은 괴로움을 노래했고
내게서 빠져나간 행복을 노래했다.
그리곤 나를 데리고, 나를 데리고 갔다―
어디로인지…… 아무도 알지는 못한다.

소녀들의 노래

그대 소녀들은 흡사
사월
저녁의 정원.
봄은 허다한 자국을 남겼지만,
아직 갈 곳은 아무데도 없구나.

* * *

이제 그들은 모두 부인이 되었다.
아이들을 낳고 꿈을 잃었다.
아이들이 태어나고
또 태어났다.
그들은 안다, 이 문을 통해서
그들이 모두 비탄 속에 백발이 될 것을.

그들은 모두 집안에 공간을 가진다.
아베마리아 종소리만이
그들의 마음에 아직도 의미가 있을 뿐.

그리고 나서 지쳐서 나온다.

길이 눈을 뜨기 시작하면,
파리한 캄파냐 평원에서 쌀쌀한 바람이 불어온다.
길은 옛 미소를 회상한다,
옛 노래처럼.

* * *

내 골목길을 따라 걸어가면,
갈색 살결의 소녀들이 모두
거기 앉아 보고는 의아해한다,
내 걸음걸이를 보고.

마침내 소녀 하나가 노래하기 시작하고
모두가 침묵 속에서 미소 지으며
몸을 숙인다.
　　자매들이여, 저 사람에게 보여주자,
　　우리가 누구인가를.

* * *

그대들은 여왕이고 가진 것이 많구나.

노래를 듣고 꽃피는 나무들보다
더욱 풍요롭구나.

이방인이 창백해 보이지 않는가?
그가 즐겨 꾸는 꿈들은
훨씬 더 창백하다,
연못에 핀 수련처럼.

그대들은 다 같이 느꼈다,
그대들이 여왕이며 가진 것이 많다는 것을.

* * *

파도가 그대들에게 한번도 침묵한 일 없었듯이
그대들도 한번도 조용한 일 없이
파도처럼 노래 부른다.
내부 깊숙이 그대들 본질이 바라는 바가
선율이 된다.

그 울림은 그대들 내부 아름다움의 수줍음에서
나온 것일까?
어린 소녀의 비탄이 그것을 일깨웠을까—
누구를 위해서?

노래는 그리움이 왔듯이 찾아왔다가
신랑과 함께 서서히
사라져가리……

* * *

소녀들은 본다, 작은 배들이
멀리서 항구로 돌아오는 것을.
그들은 짝지어 붙어서서 두렵게 바라본다,
하얀 물이 얼마나 심하게 파도치는가를.
저녁은 본래
두려움 같은 것이기에.

하지만 이것은 귀향이 아니다.
피곤한 바다에서 돌아오는 것은
검고 큰 텅 빈 배들뿐,
위에서 나부끼는 깃발도 없이
누군가에 정복당한 듯.

그대 소녀들은 작은 배들과 같다.
시간의 기슭에 항상 묶여 있는 배들처럼 ―
그러기에 그대들은 항상 창백하다.
아무 생각 없이

그대들은 스스로를 바람에게 선물로 주려 했다.

그대들의 꿈은 연못이다.
가끔 강변의 바람이 그대들을 데려간다
쇠사슬이 팽팽해질 때까지,
그러면 그대들은 해변의 바람을 사랑한다.
  자매들이여, 이제 우리들은 백조가 되어,
  황금의 끈으로
  동화의 소라 껍질을 끈다.

* * *

금발의 자매들이 걸어가면서
금빛 짚으로 즐겁게 다발을 엮었다,
이 땅의 모든 것이 그들 앞에서 황금처럼
빛나기 시작할 때까지.
그때 그들은 말하리라, 놀라운 곳에
우리는 왔구나.

저녁은 꽃들에게 힘들다.
자매들은 부끄러워하며 서서
손을 내밀고
오랫동안 귀기울이다가 쓸쓸히 미소 짓는다―

그리고 각자 그리워한다, 누가
우리들의 신랑감일까……

* * *

저녁 나라의 광채 속에서
금발의 소녀들이 걸어갈 때,
그들은 모두 여왕들이며,
자신에게 맞는 왕관을 생각해 내어
엮기 시작한다.

그들이 그 속에서 사는 빛은
커다란 은총이기에—
빛은 그들에게서 오고,
그들이 실로 뽑아내는 짙은
소녀의 눈물을 흠뻑 마셔—
무거운 금이 되었다.

* * *

아직도 그대는 숲의 가을을 느끼지 못한다,
거기에서 명랑한 소녀들이 웃으면서 가고 있다.
다만 가끔 멀리 있는 고운 추억처럼

포도 향기 너에게 입맞춤하고—
소녀들은 귀를 기울인다, 한 소녀가
재회의 슬픈 노래를 부르는 것 같다.

가벼운 바람결에 덩굴이 흔들린다
누군가가 이별의 손짓을 보내듯이. 좁다란 길가에서는
장미들이 모두 생각에 잠겨 있다.
그리고 그들의 여름이 병을 앓고 있음을 본다,
여름은 하얀 손을 내려뜨렸다,
살며시 성숙을 이룩한 손을.

마리아에게 드리는 기도

무엇이든 우리에게 일어나도록 해주소서!
보소서, 생명을 찾아 우리가 몸을 떨고 있음을.
한 가닥 빛처럼, 한 가락 노래처럼
우리는 솟아오르고 싶습니다.

* * *

당신은 다른 사람들과 같아지고 싶었습니다,
수줍어하며 차가운 대기 속에서 옷을 입는 사람들같이.
당신의 영혼은 지친 소녀의 고통을
비단처럼 부드럽게
생명의 땅에서 계속 꽃피우게 하려 했습니다.
하지만 당신의 병든 땅 깊이
어떤 힘이 있어 감히 덩굴을 뻗으려 했습니다—
태양은 밝게 타올랐고, 씨앗들은 땅속에 잠겼습니다.
이제 당신은 포도가 되었습니다.

당신은 저녁처럼 우리들 모두를

감미롭고 흡족하게 해주십시오—
그러면 우리는 느낍니다, 우리가 떨어지는 것을.
당신으로 인해 우리 모두는 노곤합니다……

* * *

보소서, 우리의 나날이 이리도 답답하고
밤의 침실이 이리도 불안함을.
우리는 모두 서투르게
붉은 장미를 잡으려 합니다.

당신께서는 우리에게 자비로우셔야 합니다, 마리아여.
저희는 당신의 피에서 피어납니다.
당신 혼자서만이 알고 계실 뿐,
얼마나 그리움이 마음 아프게 하는가를.

당신은 이 소녀의 영혼의
아픔을 몸소 알아차리셨지요.
소녀의 영혼은 성탄절의 눈처럼 느껴지지만
그럼에도 온통 불타고 있습니다……

* * *

우리에게는 너무 많은 것에 대한 느낌이 남아 있습니다.
바로 그 부드럽고 섬세한 것에 대해
우리는 무언가를 알고 있습니다.
우리를 가볍고 부드러운 잠 속으로 밀어넣는
어떤 비밀의 정원에 대한 느낌 같은 것을,
어떤 부드러운 입맞춤에 대한 느낌 같은 것을,
어느 황홀하게 하는 포근함으로
우리를 사랑하는 무언가에 대한 느낌 같은 것을—

하지만 많은 말들이 우리에겐 멀리 있습니다.

많은 말들이 의식에서 사라지고
세상에서 사라져서
마치 올라가는 음(音)처럼
당신 왕관의 주위에서 귀기울이며
멈춰 섰습니다, 어머니 마리아여.
당신의 아들은
그 말〔言〕들에게 미소를 보냅니다.
보소서, 당신의 아들을.

* * *

처음에는 당신의 정원이고 싶었습니다.
덩굴과 화단으로
당신 아름다움에 그늘을 드리우려 했습니다.
당신이 지친 어머니의 미소로
즐거이 내게 다시 돌아오시도록.

그런데— 당신이 오셨다가 가셨는데,
무엇인가 당신과 함께 들어온 것이 있었습니다.
당신이 하얀 화단에서 내게 손짓하실 때,
그것은 나를 붉은 화단으로 부릅니다.

* * *

우리 어머니들은 이미 지쳐 계십니다.
우리가 무서워서 보챌 때,
어머니들은 손을 내려뜨리고
멀리서 들려오는 소리를 믿습니다.
　　오, 우리들도 꽃핀 적 있었지!

작은 방의 먼지 낀 불빛 아래에서
어머니들은 하얀 옷들을 기우십니다,

우리가 금방 찢어버릴 옷을.

어머니들이 정성스레 일을 하시니
우리들의 뜨거운 두 손을
보시지는 못하십니다……

어머니가 이제 깨어 있지 않으실 때,
우리는 두 손을 당신에게 보여드려야 합니다.
두 손은 솟아오를 것입니다
두 개의 하얀 불꽃처럼 밤에.

* * *

마리아여,
당신이 울고 계심을— 저는 압니다.
그런데 당신에 대한 보답으로
여기 저도 울고 싶습니다.
돌 위에 이마를 얹고
울고 싶습니다……

당신의 두 손은 뜨겁습니다.
제가 그 밑에 건반을 밀어넣을 수 있다면,
당신에겐 노래 한 가락 남아 있으련만.

하지만 시간은 유언도 없이 죽어갑니다……

* * *

어제 저는 꿈속에서 보았습니다,
별이 하나 정적 속에 떠 있음을.
저는 느꼈습니다, 마돈나가 말씀하시는 것을,
밤에 빛나는 이 별을 따라 꽃피어라라고.

저는 온갖 힘을 보았습니다.
눈처럼 흰 잠옷에서 가냘프고 곧은
몸을 펴고 기지개를 켰습니다— 그런데 갑자기
꽃을 피우는 게 아파졌습니다.

* * *

어떻게, 어떻게 당신의 몸에서 나왔는지요,
마리아여, 그렇게 많은 빛들과
그렇게 많은 비탄이?
누가 당신의 남편이셨던가요?

당신은 부르시고 부르시고— 그리고 잊으십니다,
당신이 이제는 차가운 모습으로 내게 오셨던

그 분이 아니신 것을.

저는 정말 아직도 꽃처럼 젊습니다.
어찌 제가 발돋움하는 걸음으로 소리도 없이
유년 시절에서 벗어나 신이 오심*을 알리기 위해
당신의 모든 황혼 속을 지나
당신의 정원에 들어가야 하오리까.

* * *

당신의 엄격한 천사들 중 한 명을
그리움의 가장자리에 세우시고
그에게 명령하소서, 그가
내 자매들에게 말하도록, 너희들은 울게 되리라라고—

모든 시련과 고통에 대해
장미처럼 순수한 이들이기에
최초부터 하나의 유희였던 것처럼.

그들이 어린 시절 어린이로서 겪은 고통을
이제 극복했다고 망상하기에,

* 기독교에서 천사 가브리엘이 성령에 의한 회임을 마리아에게 알려 준 일을 말한다.

그들은 미소를 머금고 지나갑니다―
그리고 그들은 눈물을 새로운 고통 속으로
갖고 들어가지는 않습니다……

* * *

오, 우리가 이렇게 무한히 되어야 했음을!
아직도 넓어지고 넓어집니다,
그리고 우리가 지닌 차가움의 껍질을
오래오래 그 이유로 여겼습니다.

 어쩜 우리는 서로 묶인 것은 아닌지
 두려움에 우리를 서로 너 꽉 잡고 있는 것은 아닌지
 그리고 마치 두레박이 줄을 타고 샘으로 미끄러져 들어
가듯 우리들을
 자신의 내부로 자꾸만 미끄러져 들어가게 하는 것은 아
닌지.

 아무도 그 창백하고 눈먼 손으로
 우리의 심연을 더듬어 찾을 수는 없습니다.

* * *

옛 시절에는 언제나
나는 마음이 들뜨고 기뻤었습니다,
당신의 기적(奇蹟)을 둘러싸고 있는
아름다운 천사의 무리들처럼,
……나의 어머니가 당신을 많이 닮으셨지요……

그런데 어머니의 입맞춤이 내게서 빛을 잃은 후,
나는 서러워졌습니다.
나의 귀기울임과 서두름
그리고 나의 예감은 새로운 사랑을
찾아 더듬는 손길입니다.

* * *

기도 후에

그러나 나는 느낍니다. 여왕이시여,
내가 갈수록 자꾸만 따스해짐을—
그리고 저녁이면 저녁마다 가난해지고
아침이면 아침마다 고달파짐을.

내 하얀 명주옷을 찢으니
내 수줍은 꿈이 비명을 올립니다.
  오, 나로 하여금 당신 아픔의 아픔이게 해주소서,
  오, 우리 둘이서
똑같은 기적에 의해 상처 입게 해주소서!

* * *

우리들의 꿈은 대리석 주상,
우리는 그것을 우리의 사원 안에 세우고
우리의 화환으로 밝혀주고
우리의 소원으로 녹여줍니다.

우리들의 말은 황금의 반신상(半身像)
우리는 그것을 나날 속에 갖고 들어갑니다—
살아 있는 신들은 피안의 냉기 속에
우뚝 솟아 있습니다.

우리가 건강하거나 쉬고 있거나
항상 피로한 상태에 있습니다—
하지만 영원한 몸짓을 하는
빛나는 그림자를 지니고 있습니다.

* * *

테라스에 아직 낮이 깃들여 있을 때,
나는 새로운 기쁨을 느낍니다.
이제 저녁을 잡을 수 있다면
거리마다 내 침묵으로 만들어진 황금을 뿌려놓을 수 있을 텐데.

지금 나는 세상에서 멀리 떨어져 있어
내 진정한 고독을
늦은 햇빛의 광채로 장식하고 있습니다.

지금 누군가가
살며시 내 이름을 빼앗아가는 것 같습니다.
너무나 사랑스러워, 나는 부끄럽지도 않습니다
그리고 이제 압니다, 내게는 어떤 이름도 필요없음을.

* * *

이것은 시간들, 거기서 나는 스스로를 발견합니다.
어둠 속에 초원은 바람에 물결치고,
자작나무들마다 그 줄기가 은은히 빛나는데
저녁이 그 위로 옵니다.

나는 그 침묵 속에서 자라나,
모든 가지들에서 꽃을 피우고 싶습니다.
오로지 모든 것들과 함께 윤무를 추기 위해,
아름다운 조화를 이루면서……

* * *

해질녘은 나의 책. 표지가 저녁에게
다마스트 천의 자색빛을 자랑합니다.
나는 차가운 손으로 풀어줍니다,
책을 닫아놓은 황금의 죔쇠를, 아무 서두름 없이.

그리고는 첫 페이지를 읽습니다.
정다운 목소리에 흐뭇해하면서—
다음에는 한결 나직한 소리로 둘째 페이지를 읽습니다.
그러면 나는 벌써 셋째 페이지를 꿈꿉니다.

* * *

나는 자주 두려움에 떨며 얼마나 깊이 내가 삶 속에 빠져 있는가를 느낍니다.
말들은 다만 벽에 불과할 뿐.
그 뜻은 저 뒤 항상 푸른 산에서

희미하게 빛납니다.

나는 어느 나라의 경계도 모릅니다.
그러나 나는 그의 나라에 귀를 기울입니다.
산비탈에서 갈퀴 소리를 들어라
작은 배들이 목욕하는 소리를
그리고 해변의 고요를.

* * *

우리의 최초의 침묵은 이러했습니다.
우리는 바람에 우리를 맡기고
떨면서 나뭇가지가 되어
오월에 잠겨들어 엿듣습니다.
거기 길에는 그늘이 하나,
우리는 귀기울입니다— 한줄기 빗소리 들리는데
온 세상은 그를 맞이하며 자라납니다,
그 은총에 가까워지기 위해.

* * *

그런데 저녁이 무거워집니다.
모든 것이 지금 고아들과

같습니다. 대부분의 사람들은
이제 서로를 알아보지 못하고
걸어갑니다, 낯선 땅을 걸어가듯
천천히 집들의 곁을 걸어가며
정원 속에 귀를 기울입니다—
자기들이 기다리는 것을 알지도 못한 채,
한 가지 그 일이 일어나기까지.
눈에 보이지 않는 손들이
남의 삶에서 말없이
자신의 노래를 들어올리는 일이.

* * *

우리들에겐 온통 두려움뿐,
오직 서로에게 의지하고 있습니다.
주고받는 말마다 마치 우리가
산책하기 전 숲과 같습니다.
우리의 의지는 다만
우리를 밀치고 우리를 휘돌리는 바람일 뿐,
우리 자신이 꽃으로 피어난
그리움이기에.

* * *

나는 인간의 말〔言〕이 너무도 두렵습니다.
그들은 모든 것을 너무도 분명히 표현합니다.
이것은 개고 저것은 집이며,
여기는 시작이고, 끝은 저기다라고.

그 의미마저 나를 불안하게 합니다, 조롱에 찬 장난 역시.
그들은 다가올 일과 있었던 일을 다 압니다.
어떤 산도 그들에겐 이제 경탄스러운 것이 아닙니다.
그들의 정원과 농장도 바로 신과 이웃하고 있으니.

나는 항상 방어하고 경고하려 합니다, 멀리 떨어져 있으라고.
사물들이 노래하는 것을 나는 너무도 즐겨 듣습니다.
그대들이 사물들에 닿으면 이것들은 굳어져 말이 없습니다.
그대들은 내게 모든 사물들의 생명을 앗아갑니다.

* * *

누가 내게 말해 줄 수 있는가?
내 삶이 어디까지 미칠 것인지.

나는 아직도 폭풍우 속에서 떠도는 것이 아닌지,
물결처럼 연못에 살고 있는 것은 아닌지,
아니면 자신이 아직도 봄 기운에 떠는
창백하고 빛 바랜 자작나무가 아닌지?

* * *

우리가 모든 것을 밤중에 이름 지었다 해도—
우리의 이름이 사물을 위대하게 하는 건 아닙니다.
화살이 날아옵니다, 세차고 급박하게,
쏘기 위해 팽팽하게 당겨져 있던 활에서.

그리고 주름잡힌 마지막 막이 내려오자 불현듯,
그 위에서 성배가
피를 흘리는 재단을 바라 보고
구원으로부터 이미 되돌아올 길 없는 순례자처럼
그렇게 화살들은 과녁의 둥근 원을 향해 날아가선
표적의 한가운데에 떨면서 멈춥니다.

* * *

말없는 법에 따라
골목과 골목이 그물처럼 엮어지고

광장들이 광장들로 이어져
곧 수천의 탑들을 지니게 될
검은 도시처럼.

하지만 검은 도시의 집들에—
누가 살고 있는지는 그대도 모릅니다.

정원들의 말없는 광채 속에,
꿈들이 춤을 추러 줄을 짓습니다,—
그런데 그대는 모릅니다, 누가 악기를 켜고 있는지를……

* * *

그대도 언젠가 그것을 겪었음을 나는 압니다.
가난한 거리의 낮이 지쳐버렸으며,
사랑은 의아해하며 소리를 낮추었습니다—

그러면 둥근 원 속에 이별이 있습니다.
지쳐버린 수많은 담벼락들은 주고 받습니다,
창문에 비치는 밝고 뜨거운 마지막 햇살을,

사물들이 더 이상 구별되지 않을 때까지.
반쯤 꿈속에서 그들은 숨결을 주고 받습니다.

우리 모두가 남몰래 변장하는 것처럼,
회색 비단옷을
입습니다—
우리 둘 중 누가
이제 그대인가?

* * *

심장에서 치는 것처럼
시계가 그리도 가까이에서 칠 때
그리고 사물들이 수줍은
목소리로 스스로 묻는다면,
그대 왔는가?라고—

그러면 나는 아침에 눈을 뜨는 그 사람이 아닙니다.
밤은 내게 이름을 선물합니다,
낮에 내가 이야기했던 그 누구도
깊은 두려움 없이는 내 이름을 듣지 못하도록—

모든 문이
내 내면에서 열립니다……

그때 나는 압니다, 아무것도 헛되이 사라지지는 않음을,

어떤 몸짓도 어떤 기도도,
(사라지기에 사물들은 너무 무겁습니다)—
내 모든 어린 시절은

항상 나의 주변에서 맴돕니다.
한번도 나는 혼자인 적이 없습니다.
내 앞에 살았고
내게서 떠나려고 애썼던 많은 것들이
내 존재를
엮고
또 엮었습니다.

그리고 나는 그대에게로 다가가 앉아
나직이 물어봅니다, 나는 괴로웠는데—
그대는 듣는가?라고

    누가 알까
    누가 내게 중얼거리는지를.

* * *

나는 그것을 꿈속에서 알게 되었습니다,
그리고 꿈이 옳았습니다.

내가 공간을 필요로 하는 것을
온 겨레가 공간을 필요로 하듯.

나를 낳은 것은 어머니 한 분이 아니었습니다.
수많은 어머니들이
병약한 소년들에게
수많은 생명을 주고
그녀들은 생명을 잃어버렸습니다.

* * *

두려워 마라, 과꽃들이 시든다 해도,
폭풍이 생기를 잃어가는 숲을
호수의 무관심 속에 뿌린다 해도—
아름다움은 가느다란 형상에서 자라난다.
그것은 성숙해져서, 부드러운 힘으로
낡은 그릇을 깨어버린다.

아름다움은 나무에서 나와
그대와 내 속으로 들어오지만
쉬기 위함은 아니다.
여름이 너무도 장엄하였기에.
아름다움은 탐스러이 익은 열매에서 도망쳐

사람을 마비시키는 꿈에서 솟아올라
가난하게 일상 생활 속으로 내려간다.

* * *

기다려서는 안 된다, 신이 그대에게 와서
나라고 말하기까지.
스스로 강함을 시인하는 신은
아무런 의미도 없다.
그러기에 태초부터 신은
그대를 뚫고 불어가는 것임을 알아야 한다.
그대 마음 불타 아무것도 드러내지 않을 때,
그때에야 신은 그 안에서 창조하신다.

밤이 다가온다.
푸른 옷자락을 아낌없이 금은 장신구로 장식하고—
밤은 다정하게 마돈나의 두 손으로
내게 꿈을 가져다준다.

이윽고 밤은 자기의 의무를 다하러
나직한 발걸음으로 도시를 떠나간다.
그리고 밤은 꿈의 대가로
저 너머 병든 아이의 영혼을 데려간다.

해설
릴케의 생애와 작품

　릴케 Rainer Maria Rilke(1875-1926)────이 얼마나 여성적이며 아름다운 연상을 불러일으키게 해주는 이름인가! 〈여성의 혼 Frauenseele〉이라고까지 일컬어지는 이 시인의 시혼(詩魂)과 일치하는 이미지의 탓에서만은 아닌 것 같다. 왜냐하면 그가 어머니에 의해서 마치 소녀처럼 양육되었고, 학교에 가기 전까지 소녀의 복장을 하고 다녔다는 이야기를 우리는 알고 있기 때문이다.

　이렇게 볼 때, 그의 생애에서 여러 연상의 여성들과의 관계에서도 이 문제에 대한 긍정적인 해답을 얻을 수 있는 것 같다. 여하간 여성적이며 다정다감하기 그지없는 성격이 평생을 두고 개인 생활을 지배하였고, 시에서도 이러한 성품이 농후하게 나타난다. 그런데 우리는 그의 유년 시절에 이와는 극히 모순된 사건이 일어났음을 알게 됨으로써 기이한 느낌을 받을 수밖에 없었다. 그것은 그가 불과 11세 나이에 어머니의 품을 떠나 성(聖) 푈텐 Poelten 시(市)에 있는 육군 실과(實科) 중학교에 입학하게 되었다는 사실이다.

원래 릴케의 아버지는 군인의 전통이 흐르는 가문 출신이어서 군력을 희망했다. 그러나 병약한 신체 조건 때문에 뜻을 이루지 못했으므로 자연히 자기의 아들에게 이루지 못한 소원 성취의 기대를 걸게 되었으리라. 이 점을 이해한다면, 그 수수께끼는 저절로 풀릴 것이다. 그런데 섬세한 성격과 유약한 몸의 소유자인 릴케가 육군 실과 중학교 생활을 어떻게 보냈을 것인가는 짐작하고도 남음이 있다. 이에 관해서도 여러 가지 전설이 따르고 있으나, 1890년 매리쉬 바이스키르헨Maehrisch-Weisskirchen에 있는 육군 실과 고등학교에 진학한 다음해 그가 드디어 사관(士官)이 될 희망을 버리고 이 오욕의 생활에서 벗어났다는 것을 아는 것만으로 족할 것이다.

육군 실과 학교를 떠나온 그는 린츠Linz 시(市)에 있는 상업학교를 거쳐 1892년, 그가 출생한 프라하의 대학에서 철학과 문학사 등을 공부하였다. 그러는 한편 그는 열심히 시를 창작했으며, 그후 뮌헨과 베를린으로 옮긴 다음 1896년에서 1897년까지 많은 문인들과 접촉할 기회가 있었다.

니체와의 에피소드로도 유명하고, 당시 문필가로 잘 알려진 루 안드레아스 살로메Lou Andreas Salomé(1861-1937)와 알게 된 것도 뮌헨에서의 일이었다. 1899년과 그 다음해에 있었던, 두 차례에 걸친 러시아 여행도 살로메와 동행이었음은 유명한 이야기이다. 톨스토이와도 만난 바 있는 러시아 여행은 그의 문학 생애에 커다란 영향을 끼쳤다. 『기도시집』은 바로 이 체험의 소산이었다.

> 내 눈빛을 끄세요. 그래도 당신을 볼 수 있습니다.
> 내 귀를 막으세요. 그래도 당신을 들을 수 있습니다.
> 발 없이도 당신에게 갈 수 있습니다.
> 입 없이도 당신을 불러낼 수 있습니다.
> 내 팔을 꺾으세요, 그럼 손으로 잡듯
> 내 심장으로 당신을 잡을 것입니다.
> 내 심장을 막으세요. 그럼 내 뇌가 고동할 것입니다.
> 당신이 내 뇌에 불을 지르면,
> 당신을 내 피에 실어 나를 것입니다.

이 시는 『기도시집 Das Stunden-Buch』 제2부 〈순례의 서〉에 나오는 유명한 작품이다. 이것이 루 안드레아스 살로메에 대한 열렬한 사랑의 고백을 읊은 시라는 사실은 훨씬 후, 유부녀였던 살로메의 사후에야 알려졌다. 이로써 러시아 여행, 특히 두번째 여행은 릴케의 시적 체험이라는 측면을 떠나서도 개인적인 체험이라는 측면에서도 각별한 의미를 가지는 일이었다. 그후에도 친구로서 지냈지만 그러나 10세 가까이 연상이었던 살로메의 이성적 결단이 이 사랑의 관계에 머지않아 종지부를 찍었다.

두번째 러시아 여행에서 돌아온 릴케는 1900년대에 곧 친구인 화가 하인리히 포겔러 Heinrich Vogeler의 초청으로 브레멘에 가까운 보릅스베데라는 마을에서 한동안 예술가들과 함께 지냈다. 여기에서 그가 회화와 조각에 골몰해 있는 일단의 여성들과도 만나게 되었다. 그들 중에서 클라라 베스트호프 Clara Westhoff와 1901년 그의 나이 25세 때 결혼하였다. 그들 사이에 딸이 하나 태어난 것을 제외하고는 행복한 결혼 생활은 아니었고 두 사람은 머지않아 별거를 하게 되었다.

그러나 보릅스베데 체류는 그의 시인 편력에서 매우 중요한 의미를 갖는다.

그의 러시아 여행에서 얻은 황야의 체험이 보릅스베데에서의 북독일적(北獨逸的)인 황야 체험을 통해서 보충되었다고도 할 수 있다. 보릅스베데에도 규모는 작았지만 러시아에서처럼 평야와 황야의 무한성 같은 것이 있었던 것이다. 그는 황야와 그 위에 펼쳐 있는 하늘과 자연의 정적을 사랑했다. 그로 하여금 자연에 눈을 돌리게 한 충동은 그의 예술상의 욕구와 일치하는 것이었으며, 이런 소박하고 평범하며 광막한 러시아와 보릅스베데의 풍경이 그의 범신론적 시상을 낳는 데 지대한 영향을 미쳤다. 『기도시집』은 바로 그 결집이었다.

그는 본래 17세 때부터 많은 시작(詩作)을 했었고 1873년부터 1898년까지 『가신에게 바치는 제물 Larenopfer』, 『꿈의 관(冠)을 쓰고 Traumgekroent』 등의 시집을 출판했다. 그러나 이 시집들은 기분과 감상적인 정조(情調)를 위주로 한 것들이어서 장차의 릴케를 이 초기 시에서 감지하기는 어렵다. 이런 의미에서 그에게 시인이라는 위치를 확립해 준 것은 1902년에 나온 『형상시집(形象詩集) Das Buch der Bilder』과 1905년에 출판된 『기도시집』 이후부터이다. 『형상시집』에서 그는 자신의 시적 언어를 찾았고, 신비주의자와 같은 눈을 얻었으며, 시인의 직감으로써 겸허하게 사물을 보고 그 사물의 핵심에 육박하는 법을 배웠던 것이다.

『기도시집』은 앞서 말했듯이 그의 러시아 여행과 불가분의 관계에 있는 종교적 체험의 소산이다. 이 시집은 『두이노의 비가 Duineser Elegien』와 『오르포이스에게 바치는 소네트 Sonette an Orpheus』에 이르는 과정에서 하나의 중요한 이정표를 나타낸다. 『기도시집』은 더욱이 그의 자기 발견의 최초의 기록이며 언어적으로도 초기 시의 문학 소년적인 문체를 탈피하여 독자적인 경지를 개척한 대표적 시집이다. 『형상시집』에서는 『신시집 Neue Gedichte』과 『신시집 별권 Der neuen Gedichte anderer Teil』의 구상성(具象性)에로의 과정에 들어섰음을 보여주는데, 이른바 사물시의 결정(結晶)인 『신시집』은 오귀스트 로댕 Auguste Rodin(1840–1917)과의 접촉에서 얻은 조형 예술 세계 체험의 소산이었다.

릴케가 로댕과 만나게 된 직접적 동기는 〈로댕 연구〉를 써 달라는 위촉을 받은 데 있었다. 여하간 1902년 8월 그는 파리에 발을 디뎠다. 로댕과의 사이에 관한 여러 가지 일화들이 많이 있으나, 우리가 알아야 될 것은 1905년에 릴케가 로댕의 집으로 거처를 옮기고, 무보수 비서로 지내다가 1년 후에는 사소한 사건으로 인해서 그곳을 나와 파리의 조그만 하숙집으로 거처를 옮겼다는 것이다. 릴케는 파리에 오자마자, 이 대도시의 빈곤과 침체에 아연했다. 이곳에서 그는 무의미한 것, 타락과 암흑, 그리고 만연해 있는 악을 관찰하고 체험했던 것이다. 이러한 체험과 고독한 하숙 생활을 통하여 그는 탁월한 일기체 소설인 『말테의 수기』를 썼다. 정확하게 말하여 『말테 라우리츠 브리게의 수기 Aufzeichnungen des Malte Laurids Brigge』는 체념 의식과 개개인의 고유한 삶이나 죽음은 아랑곳없고 질보다 양이 판을 치는 대도시의 양상에 대한 공포의 체험에서 우러나온 절망의 기록이다. 이 안에는 어찌할 바를 모르고 똑같은 핵(核)의 주위를, 다시 말하면 빈곤과 죽음과 공포의 주위를 끊임없이 돌고 있는 인간상이 그려져 있다.

거리는 너무나도 텅 비어 있었다. 그 공허가 지루해하며 내 발 밑에서 걸음을 빼앗아 갔다. 그리고는 내 걸음을 빼앗아 나막신을 신은 듯이 이리저리 딸가닥거리며 돌아다녔다. 여자가 그 소리에 놀라 너무 갑작스럽게 몸을 일으켰기 때문에 얼굴이 두 손 안에 남아 있는 상태였다. 나는 그 손 안에 비어 있는 얼굴의 틀을 보았다. 시선이 손에 머물러 있는데도 손에서 떨어져 나와 있는 것을 보지 않기 위해서는 말로 형언할 수 없는 노력이 필요했다. 얼굴을 안쪽에서 보는 일도 소름 끼쳤지만, 얼굴 없는 적나라한 상처투성이 머리통을 보는 일은 훨씬 더 끔찍했다. (「말테의 수기」 제1부에서)

거리에 앉아 구걸하는 여자를 그린 것인데 이러한 비참한 인간의 모습을 관찰하는 데 그의 탁월함이 잘 나타나 있다. 또 살기 위해서라기보다 오히려 죽기 위해서 자선병원을 찾아가는 인간의 군상, 그는 대도시에서 죽음조차 대량 생산이 되고 있음을 본다. 이토록 섬세하고 예리하게 보는 눈은 문학 청년인 주인공에게 어떠한 도움을 주는 것인가? 그것은 시인이 되기 위한 몸부림이다.

이러한 파리에 대한 환멸에도 불구하고 릴케가 파리에서 로댕과 만나서 그의 예술적 영향을 받았다는 사실은 릴케의 문학적 생애에서 러시아 여행과 더불어 또 하나의 중대한 사건이 아닐 수 없다. 릴케는 로댕에게서 비단 제작의 규율만을 배운 것이 아니라 사물을 보는 눈을 배웠다. 그리고 설사 이 거장과 어색한 결별을 하긴 하였으나 그에 대해서 품고 있던 릴케의 경의와 애정은 온 생애를 통하여

변함이 없었다. 로댕의 영향은 『말테의 수기』에도 나타나고 있으나 무엇보다도 그의 사물시들 가운데서 농후하게 풍긴다.

〈사물시 Dinggedichte〉에서 릴케는 개개의 현상에 대한 겸허하고도 참을성 있는 태도로서 자기의 눈앞에 존재하는, 살아 있거나 혹은 생명이 없는 대상의 본질을 표현하고 있다. 이렇게 해서 그의 『신시집』에서 볼 수 있는 대표적인 작품들, 즉 「표범」, 「고대 아폴로의 토르소」, 「자오선의 천사」 등이 나오게 되었던 것이다. 그가 로댕에게 배운 제작 방법은 하나의 생명을 보는 조건을 구비하기 위하여 끈기 있게 내면적으로 오랫동안 응시하는 것, 무겁게 닫혀 있는 사물의 압력에 견디고 경건하게 그 내부에 들어가는 것이다. 릴케 시의 비밀은 모두 이렇듯 인내와 봉사와 헌신이 가져온, 다시 말하면 요설(饒舌)과는 정반대의 침묵 속에서 보는 방법을 터득한 데 있었다. 그렇기에 그의 시는 현대의 어느 독일 시인의 시에서도 볼 수 없는 적확한 직감적인 아름다움을 지니고 있다고 하겠다.

오롯한 대사원의 주위에서 생각하고 또 생각하는
부정만 하는 사람처럼 휘몰아치는 폭풍 속에서
홀연히, 그대의 미소에 의하여 사람은
한결 정답게 그대에게 끌림을 느낀다.

백 가지 입으로 만들어진 하나의 입으로
미소 짓는 천사여, 다감한 모습이여,
우리의 시간들이 그대의 둥근 해시계에서
미끄러져 내리는 것을 그대는 전혀 알아채지 못한다.

　이것은 프랑스의 파리 남방 샤르트르 Chartres에 있는 고딕 양식의 대사원 벽모퉁이에 붙어 있는 자오선의 천사상을 노래한 것이다. 휘몰아치는 폭풍이 부정만 하는 사람으로, 백 가지의 입으로 만들어진 하나의 입으로 미소 짓는 천사, 해시계에서 미끄러져 내리는 시간——인내성 있는 조각가의 관찰력으로 그려낸 사물시의 백미이다.

　릴케는 『말테의 수기』를 탈고한 직후인 1909년에 마리 폰 투른 운트 탁시스 호엔로에 Marie von Thurn und Taxis-Hohenlohe 후작 부인과 만나게 되었는데, 이 탁시스 부인의 후의로 1911년 아드리아 해변의 두이노 Duino 성에 초대를 받게 되었다. 20년이나 연상인 탁시스 부인은 평생을 두고 그에게 정신적 경제적 원조를 아끼지 않았다고 하는데, 바로 이곳에서 1912년 초에 그의 필생의 역작인『두이노의 비가(悲歌)』중 제1 비가와 제2 비가가 탄생했던 것이다. 1에서 10까지에 이르는 이『두이노의 비가』는 그의 시의 금자탑을 이루는 대표작으로서 이것을 완성하기 위하여 무려 10년이라는 세월이 필요했던 것이다. 생을 온전한 존재의 반면(半面)으로 보고 생의 허무성을 개탄한 다음 이 시인이 마침내 도달한 존재 긍정의 표현으로서, 생의 긍정과 죽음의 긍정이 일체되어 나타난다. 결국 생과 사의 두 영역에서 한없이 길러지는 것처럼 보이는 우리의 실존에 대한 의식이 비가 전체를 꿰뚫고 흐르는 테마이다.

……영원한 물줄기는 항상
두 세계를 뚫고 나이와는 상관없이 모두 다 휩쓸어가며
두 세계에서 이들의 소리를 압도하며 흐른다.

이렇게 릴케는 「제1 비가」에서 노래했다.

제1차 세계대전이 일어나자 그는 1916년 군대 소집을 당했다. 반년 만에 군에서 나온 그는 피폐힌 몸을 이끌고 뮌헨으로 왔다. 전쟁이 끝나자 그는 1919년부터 주로 스위스에서 거주했고 1921년부터는 뮈조의 조용한 환경 속에서 창작 생활에 몰두하였다. 건강이 좋지 않아 발몽 요양소에는 1923년과 25년에도 체류한 바가 있었는데 1926년 12월 29일에 마침내 그곳에서 세상을 떠났다. 직접적인 죽음의 원인은 장미 가시에 찔려 백혈병을 유발한 데에 있었다. 뮈조 성은 실제 가보면 조그마하고 보잘것없는 답답한 돌집이다. 릴케는 인가도 거의 없는 외로운 환경 속에서 말년을 보냈기 때문에 객관적으로 볼 때 지극히 외로운 삶이었다. 하지만 이것은 시인 스스로가 택한 길이었고 여기서 창작한 만년의 대작들을 생각한다면 그것은 시인이 갖는 운명이기도 했다. 릴케는 발레리와 같은 불란서의 대시인을 그곳에서 영접한 적도 있었고 주로 스위스 각지를 수없이 여행하면서 그의 뮈조 체류는 자주 중단되었다. 일찍부터 그의 생은 독일, 프랑스, 스위스, 오스트리아, 체코는 물론 벨기에, 이탈리아, 스페인, 심지어는 이집트, 튜네지아, 알제리아에 이르기까지 수많은 여행으로 점철되어 있어, 이로써 방랑자로서의 그의 면모를 또한 찾아볼 수 있다. 그것은 마치 벌이 꿀을 모으듯 어느 날인가 시로 피어나올 경험을 모으기 위한 끊임없는 수집가의 행각이었다 하겠다.

뮈조, 정확하게는 뮈조 성에서 그는 1922년부터 『두이노의 비가』와 그의 원숙기의 대표작인 『오르포이스에게 바치는 소네트』를 완성했다. 『오르포이스에게 바치는 소네트』도 『두이노의 비가』와 같이 생과 사의 이중 구조를 가진 존재에 대한 긍정이 주제이나, 우리가 보통 인식하고 있는 현실보다 높은 존재를 찬미했다는 점에서 그 탁월한 의미를 발견할 수 있다. 이후 그가 세상을 떠나기 전까지 4년간 그는 발레리의 시와 산문을 번역하는 한편, 프랑스어로 수많은 시를 창작했으며, 독일어로 쓴 시도 몇 편 남겼다. 마치 익숙지 않은 악기를 시험해 보듯 그는 프랑스어를 다루어 뛰어난 시를 많이 남겼던 것인데, 그의 프랑스어 시의 결정(結晶)이라고 할 수 있는 시집 『과수원』은 그가 세상을 떠나기 불과 반년 전에 출간되었다.

그 누구의 죽음도 아닌 자기 자신의 죽음을 바랐던 그에게, 가장 자기다운 죽음이 성취되는 날이 왔다. 장미꽃 가시에 찔린 것이 덧나서 백혈병을 일으켰고 이것이 죽음의 직접적인 원인이 되었다고 한다. 죽음에 있어서까지 릴케는 전설을 남겨주고 갔던 것이다. 우리는 여기에서 또한 자작(自作)으로 된 그의 묘비명을 상기하지 않을 수가 없다.

장미꽃이여, 오 순수한 모순이여, 이리도 많은
눈꺼풀 아래 그 누구의 잠도 아닌 기꺼움이여.

이 시를 아는 사람이면 스위스의 발리스 주의 한촌 라롱의 들판에 솟아 있는 작고도 험한 언덕 위에 올라가서 릴케의 무덤을 오래 찾을 필요가 없다. 하지만 슬프게도 오늘날 보게 되는 릴케의 무덤은 이 작은 묘지의 예배당 전기공사에서 희생되었던 원래 무덤의 복제이고 릴케의 유골 역시 흩어져 찾을 길이 없다(서문 참조). 외로운 시인의 생전의 삶과 그 사후를 생각하면 이루 말할 수 없는 슬픔에 잠기게 된다. 하지만 릴케는 그가 생전에 인식했던 것처럼 두 세계에 걸쳐 존재하며 수많은 눈꺼풀 아래 그 누구의 잠도 아닌 장미의 기꺼운 잠을 자고 또 자리라.

작가 연보

1875년 12월 4일, 당시 오스트리아 제국의 지배 아래 있던 체코 프라하의 하인리히 가세 19번지에서 아버지 요셉 릴케(1838-1906)와 어머니 소피(1851-1931) 사이에서 태어났다. 12월 19일, 성 하인리히 교회에서 르네 칼 빌헬름 요한 요셉 마리아 릴케라는 세례명을 받음. 첫 딸을 잃고 상심한 어머니는 아들을 낳자 그를 여자 아이처럼 길렀음. 5세가 되기까지 여자 아이의 머리와 복장을 하고 다녔으며 행동 면에서도 소녀처럼 길들여져서 이것이 그의 성격 형성에 지대한 영향을 미쳤음은 그의 작품에서도 엿볼 수 있음.

1882-1884년 프라하 가톨릭 재단의 피아리스트 수도회에서 운영하는 초등학교에 다님. 부모가 이혼한 뒤에 1884년부터 릴케는 어머니에 의해 양육됨.

1886년　9월 1일 국가장학생으로 상크트 푈텐 육군 실과 중학교에 입학.

1890년　육군 실과 중학교를 마친 뒤에 매리시 바이스키르헨 육군 실과 고등학교로 진학.

1891년　6월, 병 때문에 육군 실과 고등학교를 그만둠. 그리고 3년 과정의 린스 상업학교에 들어갔으나 다음해 중반에 그만둠.

1892년　5월, 법학을 공부하라는 권유를 받고 가을부터 프라하에서 대학 입학 자격을 취득하기 위해 독학.

1893-1895년　발레리 폰 다빗 론펠트(발리)라는 한 살 연상의 소녀와 사귀며 사랑을 체험. 릴케는 그녀에게 수많은 편지와 사랑을 고백하는 시를 바쳤음.

1894년　여러 문학 잡지에 시작품을 발표하다가 처녀 시집 『삶과 노래』를 자비로 출간하여 그녀에게 헌정.

1895년   우수한 성적으로 대학 입학 자격을 취득. 프라하 대학에서 겨울 학기부터 예술사, 문학사, 철학 등을 공부하기 시작. 두번째 시집 『가신에게 바치는 제물』 출간. 시집 제목은 향토 보헤미아를 지켜주는 가신(家神)에게 시를 제물로 바친다는 의미. 이 시집에는 보헤미아의 향토와 관련된 많은 시들이 실려 있음.

1986년   여름 학기부터 프라하 대학의 법률 학부로 학부를 바꿈. 왕성한 문학 활동을 벌이면서 많은 작품을 출판. 9월에 뮌헨으로 이주, 뮌헨 대학에서 두 학기 동안 예술사(르네상스), 미학, 다윈의 이론 등을 공부.

1897년   3월 말 베니스 여행. 5월 12일 저녁, 뮌헨에서 루 안드레아스 살로메(1861-1937)와의 운명적인 만남이 이루어짐. 가을부터 베를린 대학으로 옮겨 학업을 계속함. 『예술 책자』를 중심으로 순수 예술 운동을 벌이던 시인 슈테판 게오르게 및 하우프트만 형제와 만남. 시집 『꿈의 관을 쓰고』가 출간되고, 드라마 『첫 서리를 맞으며』가 프라하에서 상연됨.

1898년　4월-5월, 이탈리아 플로렌스 등지에 체류. 이 때 이탈리아 초기 르네상스를 비롯한 예술 일반에 대한 자신의 생각을 담은 『플로렌스 일기』와 많은 시들이 씌어짐. 『슈마르겐도르프 일기』를 쓰기 시작함. 플로렌스에서 화가 하인리히 포겔러를 알게 되고 슈테판 게오르게와도 재회. 시집 『강림절』, 단편집 『삶을 따라서』 등을 출간함. 12월 북독일의 보릅스베데 예술가 촌에 하인리히 포겔러를 방문.

1899년　오스트리아 빈에서 작가 슈니츨러 및 시인 호프만스탈을 만남. 베를린에서 학업 계속. 4월 24일에서 6월 18일까지 살로메 부부와 함께 첫번째 러시아 여행. 모스크바에서 톨스토이 방문. 마이닝겐에서 러시아 예술, 역사 그리고 언어를 공부함. 『기도시집』 제1부 〈수도사 생활의 서〉 집필. 『슈마르겐도르프 일기』를 계속 집필. 연말에 시집 『나의 축제를 위하여』 출간. 소설집 『사랑하는 신의 이야기와 기타』 집필. 가을에 『기수 크리스토프 릴케의 사랑과 죽음의 노래』 초고 완성.

1900년　5월에서 8월까지 루 안드레아스 살로메와 두번째 러시아 여행. 야스나야 폴야나로 톨스토이 방문. 모스크바, 키에프, 볼가 강을 찾아 여행함, 성 페터스부르크에 체류.

같은해 8월 말에서 10월 초 하인리히 포겔러의 초청으로 북독일의 보릅스베데 예술가 촌에 체류. 여기서 그의 부인이 될 조각가 클라라 베스트호프를 알게 됨. 10월, 다시 베를린으로 돌아옴.

1901년 베를린에 체류하다가 다시 보릅스베데로 가서 3월에 조각가 클라라 베스트호프(1878-1954)와 결혼, 3월 말에서 8월 말까지 부인과 베스터베데에 거주. 9월에 『기도시집』 제2부 〈순례의 서〉 집필 및 완성. 『일상생활』이 베를린에서 상연됨. 『형상시집』의 초고를 베를린의 출판업자 악셀 융커에게 부침. 12월 12일에 유일한 딸 루트가 출생.

1902년 베스터베데 체류. 5월에 보릅스베데 화가들에 대한 전기 『보릅스베데』 집필. 베스터베데에서의 가정 생활을 청산하고 8월 28일 파리 도착하여 1903년 6월 말까지 파리에 체류함. 9월 1일에 로댕(1840-1917)을 방문. 같은해 『형상시집』 출간, 게르하르트 하우프트만에게 헌정. 단편소설 『마지막 사람들』 출간. 같은해 11월에 릴케 문학의 중기 대표작들인 〈사물시〉를 담은 『신시집』에 수록되어 있는 유명한 시 「표범」을 씀.

1903년 파리의 로댕 집에 묵으면서 그의 전기 『로댕론』을 씀. 3월 22일부터 4월 28일까지 비아레지오 체류, 거기서 수일간에 『기도시집』 제3부 〈가난과 죽음의 서〉를 완성함. 다시 파리, 보릅스베데, 오버노일란트 등지에 체류. 9월에 로마 여행, 거기서 다음해 6월까지 체류.

1904년 2월 8일 『말테의 수기』를 쓰기 시작. 엘렌 케이 여사의 초대로 1903년 9월부터 체류하던 로마를 떠나 덴마크의 코펜하겐을 거쳐 6월 말부터 12월 초까지 스웨덴에 체류.

1905년 1904년 말부터 다음해 초까지 겨울 동안 아내, 아이와 함께 오버노일란트에서 보냄. 6월에 2주간 괴팅겐에서 루 안드레아스 살로메와 재회. 프리델하우젠 성에 묵음. 9월 11일, 파리 근교 무동에 있는 로댕에게 감. 10월 21일부터 11월 2일까지 첫번째 강연 여행, 드레스덴과 프라하에서 〈로댕론〉 강연. 초기의 대작인 『기도시집』을 출간하여 루 안드레아스 살로메에게 헌정.

1906년　파리의 로댕 집에 기거하면서 비서 일을 봄. 두번째 강연 여행. 3월 14일, 프라하에 있는 아버지의 죽음. 베를린 체류. 4월 1일, 다시 파리 뮈동으로 감. 로댕과 결별. 『신시집』의 상당 부분 집필. 『형상시집』의 증보판 출간. 『기수 크리스토프 릴케의 사랑과 죽음의 노래』 초판 출간. 벨기에, 독일 등 각지에 여행. 10월부터 11월 말까지 베를린 체류. 이어 뮌헨 행. 11월 말에 나폴리 도착, 카프리 섬에서 다음해 5월까지 체류.

1907년　나폴리와 로마를 거쳐 5월 31일, 다시 파리로 가서 10월 3일까지 머무름. 10월 말에서 11월 초까지 프라하, 브레슬라우, 비엔나 등지에 강연 여행, 비엔나에서 유명한 골상학자이자 저술가인 루돌프 카스너와 만남. 11월에 베니스 체류. 12월 초부터 다음해 2월 초까지 오버노일란트 체류. 12월에 『신시집』 출간.

1908년	2월에 베를린, 뮌헨, 로마 나폴리, 다시 로마, 플로렌스 등지 체류. 5월 초부터 다음해 8월까지 파리 체류. 중간에 프로방스 지방 여행. 1904년에 시작한 『말테의 수기』 계속 집필. 『신시집 별권』 출간, 로댕에게 헌정.

1909년	9월에 슈트라스부르크를 거쳐 독일 슈바르츠발트 산중의 온천장 바트 리폴스아우 체류. 9월 말에서 10월 초까지 프랑스 아비뇽 체류. 이어 파리에서 다음해 1월 초까지 체류. 12월 13일, 그에게 지대한 도움을 주게 될 마리 폰 투른 운트 탁시스-호엔로에 후작 부인을 만남.

1910년	1월 8일에 파리를 떠남. 엘버펠트, 라이프치히, 바이마르, 베를린 체류. 3월에서 4월에 걸쳐 로마와 베니스 체류. 4월 20일부터 27일, 처음으로 아드리아 해변의 두이노 성으로 마리 폰 투른 운트 탁시스 후작 부인 방문. 5월 12일에 파리로 돌아옴. 5월 31일에 『말테의 수기』가 출간됨. 앙드레 지드와 만남. 7, 8월에 오버노일란트에서 딸과 부인한테 체류. 8월, 9월 마리 폰 투른 운트 탁시스 후작 부인의 라우친 성 방문, 프라하 방문. 뵈멘의 야노비스 성, 뮌헨, 그리고 파리 방문. 여기서 루돌프 카스너를 만남. 11월 19일부터 북아프리카 여행.

1911년 3월 29일까지 이집트, 튀니스, 알제리아, 룩소, 카르나크 등지 여행. 이탈리아를 거쳐 4월 6일에 파리에 돌아옴. 7월 19일에 파리를 떠나 7월 21일 프라하 방문. 7월 23일부터 8월 4일까지 라우친에 탁시스 후작 부인 방문. 프라하를 걸쳐 독일의 라이프치히, 바이마르, 베를린, 뮌헨 등지 방문, 9월 말경 파리로 귀환. 탁시스 후작 부인의 차를 타고 10월 중순에 파리를 떠나 리옹, 볼로냐, 베니스를 거쳐 두이노 성으로 감. 10월 22일부터 두이노 성 체류.

1912년 5월 9일까지 두이노 성에 체류하면서 창조의 영감을 받아『두이노의 비가』집필 착수, 그 중「제1 비가」,「제2 비가」와 몇몇〈비가〉의 단편들 및 연작시『마리아의 생애』가 씌어짐. 여름을 베니스에서 보내고 10월에 뮌헨에 머무르다가 11월 초부터 스페인 여행.

1913년 2월 말까지 스페인의 톨레도, 코르도바, 세빌랴, 론다, 마드리드 등지 방문. 2월 말부터

6월 초까지 파리 체류. 6월 초부터 9월 중순까지 리폴스아우 온천장, 괴팅겐, 라이프치히, 바이마르, 베를린, 두이노, 뮌헨 등지 체류. 여기서 살로메와 함께 정신분석학자들의 세미나에 참가, 프로이트 등 정신분석학자들을 만남. 이어서 파리에 귀환. 「제3 비가」 완성, 『제1시집』 출간. 10월 18일부터 파리 체류.

1914년   2월 25일까지 파리에 체류. 베를린 여행, 여기서 여류 피아니스트 마그다 폰 하팅베르크(벤베누타)와 만남. 그녀는 『말테의 수기』 이후로 침체에 빠져 있던 릴케의 영혼에 다시 한번 활력을 줌. 함께 3월 26일에 파리로 돌아옴. 4월 말에서 5월 초에 벤베누타와 함께 두이노 체류. 후작 부인 등 세 사람이 함께 베니스로 여행, 벤베누타와 거기서 헤어짐. 아시시, 밀라노를 거쳐 파리로 돌아옴. 5월 26일부터 7월 19일까지 파리 체류. 7월 말경에 릴케는 다시 독일 여행에 나서 괴팅엔에서 루 안드레아스 살로메를 만남. 세계 제1차 대전 발발과 함께 파리에 있는 그의 온 소유물이 적산으로 판정되어 몰수, 경매에 회부됨. 라이프치히에서 그의 출판업자 인젤 출판사 안톤 키펜베르크 사장을 만남. 뮌헨 교외 이르셴하우젠에서 그의 삶에 또 다른 발자국을 남기게 된 여류화가 루 알베르 라사르와 친교를 맺게 됨. 앙드레 지드의 『탕아의 귀환』 번역 출판. 프랑크푸르트와 뷔르츠부르크를 거쳐 베를린에 11월 22일부터 체류.

1915년   1월 6일까지 베를린 체류. 7일부터 11월 말까지 부인과 딸도 사는 뮌헨에 체류. 3월 19일부터 5월 27일까지 살로메의 방문을 받음. 뮌헨에서 레기나 울만, 안네테 콜프, 발터 라테나우, 알프레드 슐러, 한스 카롯사, 파울 클레 등을 만남. 6월 중순에서 10월 중순까지는 뮌헨의 헤르타 쾨니히 부인 집에서 보내면서 피카소의 유명한 그림 〈광대의 가족〉을 보게 되고 이것이 「제5 비가」의 인물 묘사의 바탕이 됨. 『두이노의 비가』의 네번째 비가가 11월에 씌어짐.

1916년   1월에서 6월까지 빈에서 군의 문서국의 서기로서 군복무. 로다운에 있는 시인 호프만스탈을 방문함. 6월 9일 병역 면제 처분, 7월부터 뮌헨 체류. 화가 코코슈카, 사상가 카스너 등과

교제. 라사르가 유일하게 앉아 있는 릴케의 초상화를 그림.

1917년   6월까지 뮌헨 체류, 헤렌힘제 호반, 다시 뮌헨 그리고 6월 말에서 10월 초까지 뵈켈의 헤르타 쾨니히 부인의 농장에 체류. 11월 로댕의 별세 소식에 접함. 12월 초까지 베를린 체류 그리고는 뮌헨에 돌아옴.

1918년   뮌헨 체류. 알프레트 슐러의 여러 강연을 듣고 감명을 받음. 『루이스 라베의 스물네 편의 소네트』 번역.

1919년   뮌헨에서 살로메와 재회. 릴케 책이 크게 판매 성과를 거둠. 6월 11일에 뮌헨을 떠남. 스위스에서 베른, 니옹, 취리히, 제네바, 빈터투어, 로산느 등 각지를 여행, 수많은 강연. 나니 분덜리 폴카르트와 만남. 릴케가 〈니케〉라고 부른 이 여인은 그가 어려움에 처할 때마다 도움을 아끼지 않았으며, 그의 유언장도 위임받았음. 라인하르트 형제와 만남. 12월 7일부터는 스위스 남부의 테신 지방에 체류.

1920년 2월 27일까지 테신 지방의 로카르노에 체류. 이어 바젤에 잠시, 쇠넨베르크에는 5월 중순까지 2개월 반 체류. 6월 중순에서 7월 중순에 거쳐 베니스 체류, 여기에서 탁시스 후작 부인 재회. 7월 말부터 쇠넨베르크, 바젤, 취리히, 라가스 제네바, 베른 체류, 제네바에서 발라디느 클로소브스카와 만남, 다년에 걸친 친교 관계가 이루어짐. 이어서 10월 말경에 전쟁 이후 처음으로 6일간 파리 방문. 이어서 제네바로 돌아옴. 11월 12일부터 이르셀에 있는 베르크 성에 체류.

1921년 5월 10일까지 베르크 성에 체류. 여기서 폴 발레리 작품을 읽고 감명받아 그의 시집 『해변의 묘지』를 번역함. 6월 30일에 발라딘느와 함께 스위스의 발리스 지방 뮈조 성을 사진에서 발견하고 다음달 26일에 그곳으로 이사함. 친구인 베르너 라인하르트가 빌려서 릴케에게 제공한 뮈조 성은 마지막으로 릴케의 안식처가 됨. 11월에 발라딘느가 뮈조를 떠남.

1922년 뮈조 성에 머물며 2월에 『두이노의 비가』 완성. 『오르포이스에게 바치는 소네트』 집필 및 완성. 어려운 내용을 담은 『젊은 노동자의 편지』를 씀. 5월 18일 독일에서 딸 루트 결혼. 발레리 작품 번역. 6월에 탁시스 후작 부인이, 7월에 그의 출판업자 키펜베르크가 뮈조를 방문. 발리스 지방의 첫 겨울을 체험.

1923년 부르크하르트, 레기나 울만, 베르너 라인하르트, 루돌프 카스너 등의 방문을 받음. 발레리 번역. 취리히, 제네바 호반, 베른 등 스위스 각지를 여행. 8월 중순에서 9월 중순까지 쉐네크 요양소. 11월에 딸 루트가 여아를 출산. 10월, 11월 발라딘느와 뮈조에서 지냄. 크리스마스를 홀로 지낸 후 12월 29일에 제네바 호반의 발몽 요양소에 입원. 『두이노의 비가』, 『오르포이스에게 바치는 소네트』 출간.

1924년 1월 20일까지 발몽 요양소, 그리고 뮈조 성으로 돌아옴. 불어로 시를 씀. 4월 6일 폴 발레리와 뮈조에서 처음으로 만남. 부인 클라라 베스트호프의 뮈조 방문. 스위스의 각지 여행. 11월 24일 또다시 발몽 요양소 입원.

1925년 1월 6일까지 발몽 요양소 체류. 이어 1월 7일에서 8월 18일까지 릴케의 마지막 파리 체류. 발라딘느와 재회. 그의 작품 『말테의 수기』를 번역한 모리스 베스와 만나고 도움을 줌. 앙드레 지드와 폴 발레리, 호프만스탈, 클로델 등을 만남. 9월 1일에 다시 뮈조 성으로 돌아옴, 10월 22일에 자신의 유언장을 작성해서 〈니케〉에게 보관하도록 함. 쉰번째 생일을 뮈조 성에서 혼자 보냄. 그러나 수많은 축하 카드를 받음. 폴 발레리의 시집 출간. 12월 20일에 발몽 요양소에 입원.

1926년　5월 말까지 발몽 요양소. 「장미」, 「창문」 등 불어로 시를 씀. 불어 시집 『과수원』 출간. 9월 중순 로산느 체류중 대안에 위치한 안티에서 발레리와 만남. 9월 후반에 라가스 온천장 체류. 10월 14일에 뮈조에 돌아옴. 장미 가시에 찔려 손가락이 곪은 데다 감기가 겹친 것이 원인이 되어 병세가 악화됨. 11월 30일에 다시 발몽 요양소 입원. 그곳에서 심한 고통 끝에 12월 29일 세상을 떠남. 사인은 백혈병.

1927년　1월 2일 릴케 자신의 유언에 따라, 라롱의 험한 바위 언덕 위에 위치한 교회 옆에 묻힘. 남